谱看世界丛书·第四卷

左派和右派的理性对话

若 缺

壹嘉出版

旧金山 2020

左派和右派的理性对话 若缺 著

A Rational Dialogue between the Left and the Right by Ruo Que

© 若缺 2020

本书由若缺授权 壹嘉出版®在美国独家出版发行

所有权利保留

Published by 1 Plus Books® in the United States of America

All Rights Reserved

ISBN 13: 978-1-949736-13-7

Library of Congress Control Number: 2020901292

书名：左派和右派的理性对话

作者： 若缺

出版人：刘雁

装帧设计：壹嘉出版

开本：6"×9"

定价：US$ 17.99

出版：壹嘉出版

网址：www.1plusbooks.com

美国·旧金山·2020

目 录

引 言 1

第一章　理性对话的基础

第一节　为什么不能理性点？19

第二节　逻辑也是有颜色的 29

第三节　主义悖论 40

第四节　社会治理的任务、目标和方法 50

第二章　你说、他说、我说

第一节　专制与民主之辩 58

第二节　中国共产党历史定位之辩 68

第三节　英雄和偶像作用之辩 79

第四节　难以上升的螺旋 89

第三章　大家都来展现自己的智慧

第一节　来，都往中间坐坐 100

第二节　三份问卷 109

第三节　希望在哪里？117

第四节　什么叫合理？126

第四章　大家一起来想办法

第一节　我们该相信谁？133

第二节　办法来了！142

第三节　如何治理，如何构思？151

第四节　用智慧以变应变 160

引　言

　　最近在中美之间有两个被热炒的政治话题，一个是"文明冲突"，另一个是"修正主义"。作者留意了相关讨论，发现双方都没有真正触及到问题的核心，特别是中方的反应理论水准太低，没有能够借助这两次很好的机会营造有利的国际氛围。

　　1993年，美国《外交》季刊发表了塞缪尔·亨廷顿的文章《文明的冲突？》。这篇文章发表后迅速引起了广泛的争论，据说在三年内所引起的争论，超过了该杂志自20世纪40年代以来所发表的任何一篇文章[1]。亨廷顿的主要观点是，原本弱势的文明随经济的增长其自信也会增强，因此会从三个方面扰乱现有国际秩序。"首先，经济发展使得亚洲国家能够增强其军事能力，给这些国家未来的关系带来不稳定性，使冷战中被抑制的问题和矛盾显现出来，从而增加在这一地区出现冲突和不稳定局面的可能性。第二，经济发展加深了亚洲社会和西方之间，主要是与美国之间的冲突的强度，并增强了亚洲社会在斗争中取胜的能力。第三，中国这个亚洲最大国家的经济增长会扩大其在该地区的影响，以及恢复其在东亚传统霸权的可能性，迫使其他国家要么'搭车'和适应这一发展，要么'用

---

1. 《文明的冲突与世界秩序的重建》【美】塞缪尔·亨廷顿著，周琪等译，新华出版社，2010年第一版，第1页）

均势来平衡'和试图遏制中国的影响"[2]。

应当说亨廷顿的观点起码从观察的角度说还算是基本客观的，作为一个美国地缘政治学家，及时地发现美国可能将要面临的新挑战、并提出自己的观点，也无可厚非。再说任何一个文明都有其自身利益，与其他文明发生利益上的冲突，本不是什么值得大惊小怪的现象，就像一个人与另一个人难免发生冲突一样。文明冲突不是当下才出现的课题，而是历史的常态。那么问题是，为什么亨廷顿的观点在二十多年后的今天被重新热炒，并具有更强的针对性了呢？作者以为主要的原因有三点：

一是，一些西方政治家感到亨廷顿当初的预言已经部分应验了，有一种危机迫在眉睫的感觉。如：中国和印度之间本来已经平静了五十多年的边界，突然发生了洞朗事件，似乎印证了亨廷顿上述第一个观点；随着中国经济的快速增长，美国在中美贸易争端中感受到了前所未有的压力，似乎印证了亨廷顿上述第二个观点；在中美贸易争端和南海问题上，东南亚国家的确也面临着选边站的难题，又似乎印证了亨廷顿上述第三个观点。

二是，一些美国政客想刻意炒作这个话题，把亨廷顿的预言变成自我实现的预言，以达到遏制中国的目的。所谓自我实现指"文明的冲突由于我预测其可能发生而增加了发生的可能性。然而，任何预测都不是自我实现的或非自我实现的。预测能否实现依赖于人们如何作出反应"[3]。显然，一些美国政客想把亨廷顿的预言操作成为现实，他们不断挖掘中美之间可以引发冲突的话题。例如美国国务院政策规划事务主任基伦·斯金纳更是将中美之间的冲突添加了种族色彩，她特别强调了"这是我们第一次有了一个非白种

---

2. 同1，第195页
3. 同1，中文版序言第2页

人的大国竞争对手"。

三是，中国共产党的一些不当做法在某种程度上也配合了西方政客的炒作。如：以比同是社会主义国家的古巴和越南还要"直白"的方式修改了宪法主要内容；突然一改低调的作风，以一种夸张的声调和具有煽动性的方式宣传中共的成就；在中共十九大过后随即召开世界政党大会，名义上是交流执政经验，但明眼人都看得出来是带有宣传中国共产党自己的目的；更要不得的是，十九大过后立即派出多路宣传小组到很多国家分别向执政党和在野党"通报"十九大精神。这些行为很难不让西方政客怀疑中国共产党将来会越来越强势，甚至有输出"革命"的企图。

其实亨廷顿在讨论引发不同文明冲突的原因时，是保持了作为一个学者应有的客观性的，如亨廷顿在谈到西方文明与伊斯兰文明的冲突时，有句很到位的话："西方面临的根本问题不是伊斯兰原教旨主义，而是一个不同的文明——伊斯兰，它的人民坚信自身文化的优越性，并担心自己的力量处于劣势。伊斯兰面临的问题不是美国中央情报局和国防部，而是一个不同的文明——西方，它的人民确信自身文化的普遍性，而且确信，尽管他们的优势正在下降，但这一优势仍然使他们有义务把他们的文化扩展到全世界。这些是造成伊斯兰和西方冲突的根本因素"[4]。也就是说，亨廷顿认为导致文明冲突的原因是双方面的，如果两个文明都认为自己的价值观是正确的一方，那么文明间的冲突就是不可避免的。因此问题就转化为哪种文明的价值观更正确的争论。如果两种文明都认为世界只存在一个绝对真理，那么谁对谁错只能进行二选一，中间没有调和空间，最后就只能以冲突的方式进行谁输谁赢的裁判。

然而，面对文明的冲突，中华文明其实有着完全不同的态

---

4. 同1，第194页.

度，因为如作者在《说东道西》[5]一书中指出的，这是由中华文明的两大特征所决定的，其一，中华文明是不承认绝对真理的；其二，中华文明的政治文化是建立在人的社会依赖本能基础上的。而西方的政治文化从本质上来说是建立在人的利己本能基础上的，或者直接说它是利己文化也不为过，注意这里作者所说的利己并不是贬义词，而是中性的。特朗普总统的标志性口号"美国第一"就是这种文化的典型表现。中华文明的特质决定了中华文明更具有包容性，不偏执，更不会极端。因此它在面临利益冲突时也更倾向于中庸的解决方案，所谓中庸的实质就是既利己也利他的解决方案或称双赢的解决方案。在对外事务上中华文明的行事风格历来是己所不欲勿施于人，己所欲也不强施于人。事实上中华文明在数千年的历史中，面对与其他文明的冲突时在大多数情况下不会是主动挑起冲突的一方，更多的是首先受害的一方。即便在前面谈到的中美贸易争端、南海争议、洞朗事件三个例子里，中国大体上也采取的是保持相对克制的守势。我们完全可以设想，如果历史上西方文化的国家面对中国今天同样的问题，会采取什么样的态度。

西方政治家和政治学者出于自己的利己文化往往对潜在的利益风险比较敏感，这既是他们的优点，也是他们的缺点。但要命的是他们的世界观决定，一旦他们认为自己的社会制度和价值观体系是对的，他们就很难去认真研究和理解其他文明的优点和这些文明能够延续下来的合理性，同时自觉不自觉地将自己的意识形态强施于人。这才是导致当代文明冲突的主要根源。

与文化冲突论同期炒作的还有修正主义论。特朗普总统在竞选期间和在当选总统后都提到中国是修正主义的观点，最近他的这个观点更是被美国军方放在了正式文件里。为什么美国突然指责中

5.《说东道西》，壹嘉出版，2019年，美国。

国是修正主义？修正主义到底是什么含义呢？

修正主义一词对经历过文化大革命的中国人来说并不陌生。它曾经是中国共产党人用来指责前苏联领导人赫鲁晓夫的，意思是批判赫鲁晓夫背离了马克思主义原教旨。更早些时候，修正主义被用来批判上个世纪初走和平路线的工人运动，后来甚至被用来批判斯大林背离列宁的无产阶级国际主义路线。总之，"修正主义"是马克思主义理论体系内那些自认为更能代表马克思主义原教旨的一方用来批判另一方的代名词。冷战后修正主义曾一度淡出了我们的视线，因为原来的社会主义阵营的成员已经没有谁不是修正主义了，大家比的是谁在修正的路上走得更成功。从理论研究角度说，通常人们试图对一种理论进行修正是因为参与讨论的各方都认为这种理论是真理或者经过修正可以变为越来越纯的真理。但当人们普遍对这种理论丧失了信心，甚至认为它就是一种错误时，修正自然也就变得没有太大意义了。从实践的角度说，人们试图通过灵活调整以增加马克思主义的可行性的努力都是不行不通的，因为这个被恩格斯视为铁律的体系不允许做任何修改，否则它就不能被称为铁律。换句话说，如果马克思的逻辑是严密的，那么你对共产主义所做的任何其他的在实践中更具有可行性的解释就都是对共产主义的歪曲，包括马克思本人去修改也是不允许的。反过来说，中国共产党领导的改革开放不仅仅是修正主义，而且是对修正主义的修正主义，早就已经不能称为马克思主义了。有些西方政治学家将中国共产党的改革思路称为国家资本主义，可能还比马克思主义更沾边一点。

当然，特朗普所说的修正主义主要是指中国企图对西方制定的现行国际社会秩序进行修正或者说破坏。但这个指责的性质与我们前面讨论的对马克思主义进行修正的道理一样，首先，西方所说的国际秩序是不是铁律？如果是，那么西方自己也是修正主义；如果不是，那么谁都有理由对其进行修正。特朗普可以，当然中国也可以。而且这种修正主义对我们大家来说都是好事，不应该受到指责。

作者在这里讨论"文明冲突"和"修正主义"这两个话题，真正的关注点并不在这两个话题本身，而在于在作者看来是更重要的议题，即中国的改革开放该如何深入的问题。当然，后者与前者具有相关性。因为中国共产党起码在名义上还是马克思主义政党，而马克思主义本身又是西方文明的产物，也就是说，中国共产党是以什么身份代表中国参与上述争论呢？如果是以马克思主义政党的身份参与争论，那么它就不具代表性，因为马克思主义不是中华文明的产物，而是西方文明的产物，则美国政客所说的文明冲突实质上是西方文明内部的冲突；如果是以中国当前事实上的执政者身份作为中华文明的一部分参与上述争论，那么它就彻底地背离了马克思主义。事实上中华文明在世界观的这个根本点上就与马克思的世界观或者说西方文明的世界观不相同，当然中华文明也很难产生类似马克思主义这样极端的意识形态。中国共产党这个两难的处境其实正折射了中国当前改革开放所面临的重大难题，即中国连未来的社会治理模式都还未定，又怎么能回答文明的冲突这个问题呢？但西方文明应当明白的一点是，如果将来面对的是一个既学习到西方文明精华，甚至比西方国家还民主还自由，同时又继承了中华文明精华，比此前任何一个中国朝代更包容，更讲和谐发展和更强调既利己也利他智慧的文明社会，恐怕是对双方都更理想的结果。而这正是本书想真正讨论的问题。

下面我们言归正传。其实当前中国改革遇到的问题与我们前面讨论的文明冲突问题高度相似，亨廷顿所说的当代文明冲突主要表现为不同价值观的冲突，而改革遇到的问题也主要表现为社会精英群体的不同社会治理理念之间的冲突。读者会问：为什么各方不能坐下来好好以理性的对话来解决这个问题呢？说到底这还是世界观问题。因为如果参加对话的各方都认为自己就是对的一方，那就没有讨论余地，也根本就坐不到一起。换句话说，理性对话必须建立在不承认绝对真理的基础上才能有效进行。也许这与很多人的想法恰恰相反，因为他们总觉得理性是围绕真理展开的，否则我们怎么进行对错的判断呢？

中国文明和西方文明都讲天人合一，但这两大文明却对这一概念有着根本不同的理解。中华文明认为世界没有绝对的真理，所谓天人合一指人与自然万物既各自有自己的生存方式又相互依赖，彼此对立则两败俱伤，因此必须共同组成一个和睦的大"家庭"。而西方文明认为世界存在一个绝对真理，所谓天人合一指人与自然万物以及它们之间的关系都最终由这个绝对真理所决定，不以它们各自的意志所转移。

从西方文明立场上看，中华文明安于现状，不思进取，虚而不实。黑格尔更是认为，包括古印度文明在内的东方文明根本就没有类似西方以这主义那主义为代表的哲学思想，不追求绝对的精准，是落后的文明。例如，东方文明也讲辩证关系，辩证的目的不是追求一致而是强调中庸与结果的和谐。而西方哲学讲辩证法的目的是为了追求水平越来越高的一致，最终达到那个所谓的"绝对精神"境界。反过来从中华文明立场上看，西方文明往往太极端，太偏执，太有侵略性。本来辩证的结果应当是双方观点的区别越来越模糊，越来越相互渗透，而西方文明却为那个根本就不存在的绝对真理非要争出最后的胜利者，是一种窝里斗的文明。

由此可以看出，中华文明的理性是为了争取相互都能接受的结果，而西方文明的理性是为了追求最终谁对谁错的结果。显然，在中华文明的语境下，人们更容易坐下来进行理性的对话，也更容易产生某种意义上的共识，自然改革也就相应更容易推进。接下来读者可能会产生一个新的问题，既然你认为中华文明的世界观是更合理的世界观，那为什么中华文明在近现代明显处于劣势呢？这就牵扯到另一个问题，即把我们当前改革的眼光放得更大一些，站在中华文明的立场上去思考，我们中华文明到底有什么缺陷，当我们找到了这个缺陷那我们的改革目标就更加明确了，改革也就更容易推动了，未来社会治理模式也就可以放开手脚进行构思了。

中华文明和西方文明在人类发展历史上各有辉煌，但让西方文明得意的是中华文明的辉煌属于过去时，而西方文明的辉煌属于现在进行时。西方文明由此认为正是自己的文明比东方文明更优越，才会在最后的竞争中胜过东方文明。因此，在当今世界的舞台上西方文明是主角，其他文明应当向西方文明学习，并最终在西方文明价值体系的基础上实现文明的统一。

鉴于在近现代中华文明的确被西方文明打败了这个事实，中华文明中的大多数精英分子似乎也开始承认西方文明的优越，认真反思自己的文化，寻找失败的原因。但令他们不解的是百多年过去了，至今还处在彷徨状态。1949年当中国共产党领导的革命取得了夺取政权的胜利后，一度人们乐观地认为中华文明终于找到了自我革新的成功之路，即马克思科学社会主义道路。但中华人民共和国建国后三十年的实践，特别是无产阶级文化大革命的教训，说明科学社会主义之路是行不通的，为了挽救濒于崩溃的国民经济，中国共产党又不得不对未来如何治理社会重新摸着石头过河，即改革开放。

转眼中国的改革开放历时已四十年有余，其间虽然中国发生了翻天覆地的变化，而且不管是中国的内部还是外部，绝大多数人都对这个变化在不同的程度上加以肯定。然而，在这场改革之初触发的所有重大争论时至今日并没有消弭，有些还更加尖锐了。这是因为改革开放已经进入所谓的深水区，如果不对未来的方向做出重大的选择，已经难以前行了。而在这个问题上，形成了两种截然相反的观点，一是坚持共产党的一党治理体制，通过不断地渐进式的改革逐渐加以完善；二是直接过渡到西方现行的宪政民主体制。前者被称为左派，后者被称为右派。两派中都有部分人持毫不妥协的立场，相互把对方视为你死我活的敌人，网络上流行将这部分人称为愤青。据作者观察所谓愤青并不都年轻，老者也多见。作者以为之所以出现大面积的愤青现象，原因有二。一是，在近现代西方文明的世界观在中国社会已经渐成主流，主导着人们的思维方式；二是，不管左派还是右派，都未真正认识到中华文明的优点和缺陷到底在哪里。

如作者在《说东道西》一书中指出的，中华文明的主要问题是其政治文化过度地偏重于强调人的社会依赖本能，而将人的利己本能视为治理对象加以压制。从孔子的克己复礼、程朱理学的存天理灭人欲、王阳明的灭心中之贼，到今天的中国共产党提倡的毫不利己专门利人，都将利己直接视为社会治理的对象，而不是社会治理的原动力。这种文化认为"人之初，性本善"，利己是后天之恶，是应当被不断地加以清除的万恶之源。因此国家、族群和家庭的治理应当由德高望重者来主持，社会政治文化主要是围绕如何产生圣人而展开的。

虽然我们不能简单地说圣人政治不好，或者专制不好，事实上当一个社会在圣人政治的治理下往往表现得很出色，会很快呈现出国泰民安的景象。但圣人政治最大的问题是不可持续，一旦不幸地碰到统治者不是圣人，社会秩序就会因为民众缺乏自理能力而迅速崩塌，从而不断重复"分久必合合久必分"的盛衰轮回。而西方文明的政治文化正好相反，侧重于强调人的利己本能。这种文化认为"人之初，性本恶"，因此要通过以恶治恶来实现社会的治理。显然，这两种文明各自都有长处，也都存在明显的问题。中华文明在近现代被西方文明打败的原因主要在于，利己本能长期受到压制导致在利益竞争上的劣势。社会精英被吸引到考八股上，所谓"万般皆下品惟有读书高"，而读书的目的又不是为了通过创新知识来获取个人的荣耀和利益，而是为了当官。因此，学子们只读与科举有关的书，其他方面的知识不屑一顾。商人在社会精英群体眼中被归为小人一类，致力于科学创新的人则被视为玩物丧志，长此以往中华文明被西方文明打败就成了大概率事件，只是何时发生罢了。

据此分析，我们当前的改革从本质上说是一场文明的改革，它的目标应当是学习西方文明将利己本能作为社会治理的原动力调动起来，并对原来的社会依赖文化进行适当的调整，与利己本能化敌为友，变一条腿走路为两条腿走路。但在此前，由于认识上的问题，我们的改革走了一条弯路，在试图学习西方文明的优点的时候将西方文明的缺点先学来了。这主要表现在两个方面，一是将中华文明原本的不承认绝对真理世界观丢掉了，却将西方文明承认绝对真理世界观引进来了，并逐渐成为社会意识形态的主流。二是在利己文化上只学了平等文化，而没有同时积极地引入自由、民主等其他有益的文化价值观。这也是造成我们当前的改革开放难以深入和左愤与右愤尖锐对立的主要原因。

本书的目的之一就是为在当前改革开放中处于严重对立状态的左派和右派营造一个有利于进行理性对话的环境，也就是不承认绝对真理世界观语境。

首先，在这个语境下，原来被视为具有很强的逻辑性和说服力，甚至是真理的东西，我们很容易发现它们的逻辑缺陷，甚至谬误。在本书中我们主要以马克思主义和自由主义为例，通过大量具体的例子分析它们从前提概念、推理到最终结论各个环节存在的问题。

马克思主义与自由主义都是建立在人的利己本能前提假设基础上的。人都是利己的，这并没有什么错。不仅是人，所有生命体都是利己的，否则它们就无法适应环境，也就无法生存。问题是本能不是一个单色的或者纯的概念，人的本能除了含利己成分还有社会依赖等其他成分，是一个多色的谱结构。如果将人的本能视为仅仅是利己的单一概念，并把它作为一个理论体系的立论前提，那么它的最终结论就必然存在严重缺陷，特别是当该理论的缔造者如果持绝对真理世界观，那么它的结论就会表现出极端的荒谬。例如，马克思看到了资本主义早期发展阶段普遍存在的社会资源分配严重不均，阶级分化明显，阶级斗争激烈的客观事实，他相信基于人的利己本能这种现象只能越来越激烈，而且是不可调和的，要改变这一现状只能通过无产阶级暴力革命的方式去解决。在马克思看来，既然人类社会的问题是由社会资源分配不平等引发的阶级分化产生的，那么人类社会要实现最终的治理，就要通过彻底消灭阶级的手段来实现。基于这个思路，马克思提出了科学社会主义一整套社会治理理论，并由此推论出人类社会的最终状态为共产主义。

由于马克思在立论之初就没有看到人的本能除了利己还有社会依赖等其他成分，所以在他进行理论推理时就必然地会遗漏许多其他的可能性，例如阶级间不仅有矛盾和斗争的一面，还有相互依赖、相互促进、相互转化、甚至携手共建社会秩序的种种可能性。我们今天鼓励人们创业、鼓励民间投资、鼓励创造就业、鼓励民企发展壮大，不正是这种种可能性的体现吗？

再说马克思的理论工具历史唯物主义与辩证唯物主义。马克思的历史唯物主义有两个重要观点：人的社会存在决定人的意识，社会的经济基础决定社会的上层建筑。这两个观点在概念上同样也犯了绝对的错误，首先存在与意识不是两个可以截然划分的概念，意识也是一种存在，存在中也包含着意识，两者间并没有绝对的界限。同样地经济基础与上层建筑也是你中有我，我中有你的伴生关系。你能说得清楚依照所谓的科学社会主义创建的公有制经济结构是意识决定存在，还是存在决定意识；又或是经济基础决定上层建筑，还是上层建筑决定经济基础？在文化大革命时期出现过很多极为荒诞的口号，如"宁要社会主义的草，不要资本主义的苗"，因为社会主义的草即便它不能吃，但它也代表着先进生产力，代表先进的上层建筑所以要保留。而资本主义的苗尽管它能产粮食，能救人一命，但它终归代表着落后生产力，代表落后的上层建筑所以不能要。今天的年轻人恐怕对怎么能产生这样的口号都难以置信，但在当时那个年代这类的口号天天有人在喊，铺天盖地。

马克思将黑格尔的辩证法与唯物主义结合在一起称为辩证唯物主义，这本身即便在承认绝对真理世界观语境下也很奇葩，因为黑格尔的辩证法是典型的唯心主义，它追求的是绝对精神或者说意识里的绝对真理。其实，在不承认绝对真理世界观看来这种看似矛盾、奇葩的组合是很正常的，因为本来你就不可能准确划分所谓的唯物和唯心，或者说所谓的物和心只不过是事物的不同表现形式而已。将本来是丰富的、矛盾的概念理解为单一的、纯粹的概念，并以此为前提建立起一个没有终极目标，我们称为某某主义的理论体系，它的结论必然会出现所谓的"主义悖论"，即在主要概念上自相矛盾。例如共产主义是马克思主义所描述的人类社会实现平等的最终状态，但这个状态实际上是通过权力上的绝对不平等来维持的，即通过一部分人在分配上享有的绝对权力来实现资源分配上的绝对平等，换句话说这种平等其实是不平等。

同样的道理，右派所坚持的自由主义和宪政民主也存在理性的严重缺陷。除了部分多元自由主义理论，几乎所有单元自由主义理论都有一个前提假设，即基于人的利己本能，每个正常的人都具有能够理性地做出有利于自己的选择的能力。这实际上意味着自由主义随后将要阐述的理论体系是建立在某种意义上的人人平等前提假设基础上的，但在其推理过程中，自由主义却又只强调自由的作用，忽略或轻视平等的作用，这在逻辑上就是矛盾的。再说宪政民主，有相当一部分人迷信宪政的作用，这其实是一种结构主义的幻觉。

所谓结构主义指妄图通过建立一个完美的结构去彻底解决某一问题。结构主义最早的表现形式是作者在《从点说起》一书中提到的柏拉图主义，即元数学。后来被部分语言学家用在了语言哲学上，他们想通过构建一种完美的语法和造字体系实现语言表达的无所不能。很快人们发现这种企图是行不通的，问题首先还是出在概念的谱结构上，因为人们在表达意思时往往连表达者本人也说不清楚自己的全部含义。当然，这在不承认绝对真理世界观语境下是正常现象。具体对宪政来说，只要宪政的结构一旦固定，围绕这个权力结构就立刻会产生权上腐败和权下腐败，这与权力结构是否设置相互制约机制并无必然的直接关系。三权分立，相互制约的确能抑制某些腐败，但它也同时产生某些新的腐败形式。而且宪政结构保持得越长久，围绕这个权力结构产生的腐败就会越来越严重，改正的难度也相应地越大。当然，这不等于说宪政不好，在创建一种新体制时宪政可以说是必要的，也是非常有效的。但我们需要提醒大家的是，不能对宪政有过多的期待。本书第四章对此将有详细讨论。

我们分别指出了马克思主义和自由主义的严重缺陷，目的当然不是为了否定而否定，更不想打击左愤或右愤参与社会治理的积极性，而是为了通过去绝对化将他们拉回到"谈判桌"边，经过理性对话，共同寻找双方都可以接受的妥协方案，进而推动改革开放渡过深水区。所谓去绝对化，对左愤来说就是放弃马克思主义的意识形态，对右愤来说就是抛掉对西方宪政民主的迷信。把双方的争执由要么坚持马克思主义，要么选择西方现行的宪政民主体制的二选一，变为如何相互取长补短的理性创新讨论。

对于抛弃马克思主义意识形态，作者认为还需要对左愤多说几句。如果说中国共产党靠马克思主义起家，靠马克思主义夺取政权似乎并不过分，说中国共产党人对马克思主义有一种难舍难分的感情也可以理解。但如果说中国共产党的成功等于证明了马克思主义是真理，或者说中国共产党离开了马克思主义就不能继续存在，就不再具有合法性，恐怕就太牵强了。首先，中国共产党革命时期的旧中国已经处于一个四分五裂、积贫积弱、寿数将尽的状态，剩下的只是由谁和用什么方式来实现改朝换代的问题。当时的军阀、国民党、共产党都有机会夺取全国政权，恢复大一统的社会秩序。但最终谁能够获得成功还要看究竟谁更能调动广大民众的力量，谁更能把握瞬息万变的政治局面，谁更具有坚强的毅力和献身精神。而面对当时中国社会极度不平等状态，马克思主义作为一种强调平等的政治理论自然更容易吸引广大底层民众的追随，加上马克思主义亮丽的包装、极强的煽动性和对未来完美的描述，也更容易集结更多的社会精英，在当时这种强烈的意识形态反而变成了优点。但更为重要的是以毛泽东、朱德、周恩来等为代表的中国共产党第一代领导人集体比其他政治势力把控混乱的政治局面的能力更强，才最终领导中国共产党革命取得了成功。在这个问题上，我们不能简单地以成败论英雄。我们更不能把革命先烈的信仰与马克思主义信仰等同起来，因为这样解释不了辛亥革命和国民党革命中具有不同信仰的烈士行为。这些革命烈士的真正的初心是改变中国的面貌，为国家富强和人民幸福献身，而不是为共产主义信仰献身。没有共产主义信仰他们也会以其他的形式为国家和人民献身。共产主义信仰更多只是这种精神的符号，而不是它的实质。到了建国后情况就是另外一个样子了，由于爆发力大，煽动性强，虽然马克思主义是一个破坏旧制度的有力武器，但却不是建设新制度的好理论。因为在社会已经基本实现了平等后，如果继续强调平等就必然会损害其他社会治理要素，如自由、公平、法制、民主等的积极作用，马克思主义理论体系潜伏的主义悖论就会越来越明显地表现出来。事实上也是如此，到了文化大革命时期，公有制的计划经济甚至已经难以满足人民的最基本需求，更不要说赶超西方资本主义经济了。幸运的是中共大江山的领导群体并没有固守马克思主义教条，他们最终选择了以国家和人民的利益为重，果断地进行了改革开放，及时地挽救了中国经济，可以说也同时挽救了中国共产党自己。可以这样明确地说，建国以后马克思主义已经不是中国共产党的正资产而是负资产了，马克思主义对社会治理的作用也已经由一种猛药变成了一种剧毒。

虽然对改革开放不同的人有不同的见解，但我们应当承认的一点是，改革开放实践是一次背离马克思主义的成功的探索性实践，尽管这个实践仍然是在中国共产党领导下进行的，但此时的中国共产党已经不是标准意义上的马克思主义政党了，而是一个进化了的，在相当程度上摆脱了马克思主义原教旨束缚的，更能适应社会治理需求的政党了。作者赞同走中国特色社会主义道路的提法，当然如果去掉主义改为走中国特色社会治理新路就更好了。作者也基本赞同大街上随处可见的宣传广告中"社会主义核心价值观"的提法：富强、民主、自由、平等、爱国、敬业、文明、和谐、公正、法治、诚信、友善。当然如果去掉主义改为社会治理核心价值观，用智慧取代富强，用仁孝取代文明就更理想了。去掉富强和文明是因为，一方面富强和文明太笼统，不宜称为核心价值观，另一方面如果能做到上述这些，国家自然就会富强，社会也自然就会文明。补充智慧和仁孝是因为，智慧强调的是既利己也利他，是社会保持可持续发展的核心动力，而仁孝是中华文明的社会依赖文化的优良传统，应当予以传承。实际上在改革开放四十多年后的今天，我们应当考虑迈出最后的重大一步，即在适当的时候，在经过充分的理论上的讨论后，中国共产党自己主动地宣布与马克思主义解除理论上的捆绑关系，改为和谐党或其他可以被广泛认同的名字，实现党的彻底新生。作者相信那时的"中国共产党"将更受中国人民的爱戴和拥护，更有能力领导中国进一步走向繁荣富强，并最终凝聚全社会的智慧实现向新的社会治理体制的转轨。

既然我们的改革不是在进行一次简单的对错选择，而是一次在对比中华文明和西方文明各自的优劣基础上，进行的扬长补短的自我改造，那么如我们在前面提到的，不承认绝对真理的世界观是中华文明的长处，不仅必须保持，还要大力发扬，让它在积极探索未知领域上发挥出巨大作用。中华文明政治文化中相当一部分能积极调动人的社会依赖本能作用的文明成果也要继续加以传承。当然其中明显不利于调动人的利己本能积极性的部分是我们需要进行改造的。我们改革的最主要的任务是，改正中华文明政治文化的一个重大缺陷，即不仅没有自觉地调动人的利己本能在社会治理中发挥积极的作用，还刻意去压制这种本能。而这恰恰是西方文明做得比较好的地方，因此我们应当谦虚地向西方文明学习。但这种学习绝不应该是简单地照搬西方的体制，而应当结合中华文明的优点和长处进行创新，争取1+1＞1的效果。

这好比说中华文明的政治文化原来是凭调动人的社会依赖本能这一条腿走路，改革后我们力求安装上调动利己本能积极作用的另一条腿，力争实现用两条腿走路。虽然在开始的时候我们原来已经适应一条腿走路的肌体还会感到不习惯，会出现两条腿打架的现象，甚至还不如原来一条腿走得快，但只要假以时日，我们自然会越来越协调，走得也会越来越快，越来越好，并超过原来一条腿走路的速度。因此，我们说改革是一个涉及两大文明体系融合的重大系统工程，简单化和绝对化都是要不得的。

在这里作者认为很有必要强调一点，对中华文明的传统文化，不管是左派还是右派都有一种很不以为然的态度，他们简单地将近现代中华文明的弱势视为中华文明落后的结果，这是很错误的。上个世纪初的新文化运动提出了一个"响亮"的口号，叫"打倒孔家店"，在文化大革命中这个口号又再次喊了起来，显然那些激进的改革者或革命者都把中华传统文化视为改革的障碍和对象，认为只有把它彻底推翻，扫除干净，改革或者革命才能取得最后的成功。其实他们没有看到中华文明蕴藏的大智慧，其中中华文明的世界观已经讨论很多，这里我们就不说了，就举中华政治文化中的孝字来说吧。在农耕社会人们居住分散，交通不便，通讯手段落后，我们怎么解决养老等社会福利问题呢？中华文明用一个孝字就很好地解决了这个即便在今天也让我们头疼的问题。为什么说孝是一种智慧呢？是因为它既利己也利他，而且是在血缘关系中传递，容易传播和继承。孝文化同时加强了家庭的凝聚力，使得社会结构的最底层基础保持稳定。这也是中华文明为什么能够传承数千年仍然生命力旺盛的重要原因之一。孝，虽然我们在其他文明中也能看到，因为它源自人的本能，但只有中华文明将它提炼为一种核心价值观，这就是中华文明独到的智慧。

在不承认绝对真理语境下，原来简单的对错选择题，变成了复杂的创新设计题，似乎我们采用了一个去简求繁的笨办法，其实这才是事情本来的面貌。简单化的结果是把更多的问题留给未来，而复杂化的结果是把更多的创新空间留给未来。至于如何进行创新设计就是一个仁者见仁智者见智的问题了，当然不管具体方案是什么都必须经过实践的反复摸索才能逐步成型，可能需要数十年甚至上百年的时间。

作为这场讨论的参与者，在本书的后两章作者给出了自己关于未来体制的初步设计思路，期望能起到抛砖引玉的效果。该方案是在假设中国共产党抛弃了马克思主义极端意识形态条件下，把中国共产党视为改革开放的主要推动者设计的。作者给这个方案起了个名字叫：建立在统计参数球信息系统下的专业委员会社会治理体制。当然作者更期待的是，出现一个关于未来社会治理思路百花齐放的局面，大家共同参与设计，共同评选方案，共同试行摸索，共同将方案经不断改造而最终付诸实施。

第一章 理性对话的基础

第一节 为什么不能理性点?

不知什么时候冒出了一个网络新词,"愤青"?

按我的理解,愤青主要愤在重要的政治议题上,如此说来愤老、甚至愤少也是不乏见的。愤青群体大致可分为激烈对立的两大派:一派认为当前中国的政治制度就是最好的制度,称为左派;另一派认为西方实行的宪政民主制度是最好的制度,称为右派。愤青中知识分子居多,或者说在部分知识分子身上表现得更突出、更激烈一些。本来风度翩翩、文质彬彬的人,一旦触及政治的敏感话题就火星四溅、脏话连篇、吹胡子瞪眼、甚至撸胳膊挽袖子,置几十年的朋友关系于不顾,完全没有一点调和余地。

为什么会出现愤青现象?多数人的解释是,因为一些核心政治议题直接涉及到不同社会群体的根本利益,所以要不顾一切地加以捍卫。此说看上去很有道理,但有一个缺陷,即解释不了为什么有些人本身处于一个特定的利益圈内,却站在与自己直接利益相反的立场上参与争论的现象,这种现象在知识分子中间尤为明显。例如中国共产党第一代领导人中很多人出身于富裕家庭，却参加并领导了工农运动。针对这个现象，西方政治学提出了所谓的政党说，即社会上不同的利益群体需要政治精英为他们探索理性的依据，以使自身利益得到更有效的维护，而政治精英们则根据自己对理想的理解，在志同道合的基础上组成政党，为不同的利益群体在政治实践中代言。政党说既解释了不同利益群体在政治议题上迥异的态度，也解释了为什么有些人的政治立场并不与自身的实际利益直接相关的现象，因为这些人是根据意识形态上的是非观来行事的，这种情况正好也是在知识分子中间较为常见。因此，政党说迄今为止被包括愤青群体在内的绝大数人所接受。

政党说显然隐含了这样一个前提假设，既然政党的使命是为自己所代言的利益团体寻找理论意义上的合法性，那么在不同政党的理念之外就应当存在一个判定这种合法性的统一的理论标准。实际上当今世界上绝大多数政党也都默认存在这样的统一的理论标准，即绝对真理。但问题是，自政党政治诞生数百年来，我们并没有就所有争论的重大政治议题中的任何一个达成了一致的结果，同样的问题今天仍然在愤青中间继续争论着。

既然大家都是从理性出发，那为什么不能产生一致的理性结果，反而激化了矛盾呢？

对之前读过作者的《说东道西》和《从点说起》的读者来说，这应当已经不是一个大问题了，答案是我们的世界其实是不存在绝对真理的，也就是说那个所谓能判断理性正确与否的绝对标准是不存在的，因此我们不能对基于理性产生的思考给出简单的对与错的评判，或者说双方都有对的成分也都有不对的成分。如果争论的双方都盲目地相信绝对真理是存在的，而且相信自己的观点是正确的，那么他们之间的争论就在所难免，议题越尖锐，争论就会越激烈。原因是争论者的承认存在绝对真理的世界观是错的。或者我们反过来说，假设绝对真理是存在的，那么所有的理性自然都指向这个绝对真理，因此当不同观点的人发生争论时，他们就应当很容易地达成一致或者逐渐趋向一致，因为真理的方向对所有的人，在所有的时候和在所有的情况下，都应当永远是最明亮、最能吸引大家注意、最有说服力的方向。然而实际的情况恰恰相反，我们把观点分得越细，人们观点的一致性就越差。如果观点分得足够细，你会发现所有人的观点都不一致。这就说明之前的假设是不成立的，即绝对真理是不存在的。我们不能达成一致的原因是，一致本身就是不存在。由此我们可以看出，凡为追求绝对真理而产生的理性是难以产生理性对话的。读者要注意的是，在这里我们并不是说，凡是为追求绝对真理而产生的理性不是理性，因为尽管它的目标是错的，但并不代表它不含合理性。我们只是说，因为这种理性具有本能地排斥其他理性的特质，因此难以和其他理性产生对话。

中国现行的社会主义制度好还是西方现行的宪政民主制度制度好，是愤青争论的一个核心话题。本节我们就以社会主义为例，剖析一下两种世界观不同的叙事特点，并借此回答前面提出的问题。

所谓社会主义是指，在承认绝对真理语境下，围绕平等这个核心概念构筑的如何实现社会治理的理论体系。解释一下：首先顾名思义社会主义是现代主义的一个分支，它或它们的世界观都是承认绝对真理的；其次它的核心概念是平等，即将平等视为社会治理的首要因素，而将其他如自由、民主、法治等要素都置于从属位置。虽然在社会主义发展后期出现了民主社会主义和自由社会主义等多元化现象，但如何实现社会资源占有和分配的平等仍然是这种理论体系首要考虑的目标。

与作者在《说东道西》一书中对自由主义评述的情况类似，

社会主义理论体系不管它前面冠以什么词来形容，都是将平等视为一个可以独立作用于社会治理过程的概念来看待的，即认为平等可以独立于自由、公平、正义、民主、法制等其他概念去定义，或者用我们的话说平等可以是单一的颜色，与其他色彩无关。

然而可以这样说，不同的社会主义理论体系，甚至社会主义与资本主义的分歧其实都是从它们以为是"单色"的平等概念产生的。

我们先从洛克（约翰·洛克 John Locke, 1632年8月29日—1704年10月28日）这位对美国宪政民主政治制度产生过深刻影响的英国政治思想家是怎么认识平等的说起，虽然洛克在西方学界被认为是自由主义者，但他对平等的认识是具有相当的代表性的。

任何一个现代主义理论体系的构建都需要一个足够坚固的起点，然后由该起点作为严密逻辑推理的前提展开整个理论体系的架构。当然，如果这个起点就是绝对真理最好了，因为人们就可以直接从该起点出发对整个宇宙的形成进行所谓的元叙事。但不幸的是人们至今并没有找到这个绝对真理，所以现代主义理论家不得不在一个有限的范围内进行分叙事，如洛克和马克思在政治学领域所做的事情。有意思的是，分别作为西方宪政民主和专制社会主义的重要思想家的洛克和马克思，不约而同地选择了平等这个概念作为自己理论体系的基础概念。并且，洛克和马克思都力图在理性上赋予平等某种不可置疑的神圣地位，以便由此为基础通过逻辑推理展开各自的理论体系，从而得出社会问题的终解。要做到这一点，当然最好的办法就是直接从绝对真理引申出平等的神圣地位，但绝对真理是什么，绝对真理在哪里？大家并不知道。因此，就只能间接地凭他们各自对绝对真理的理解来干这件事。

对此洛克的做法是直接从上帝那里获得平等地位。他认为在上帝的眼里，所谓的臣民和他们的统治者一样都是国王，臣民的利益和统治者的利益在政治上同等重要，并且臣民的意志同样也是权威的来源。最低等的臣民的道德地位，同任何贵族或学者或政治家或国王的道德地位，都一般无二。洛克进而在《政府论下篇》中说："既然都是唯一的最高主宰的仆人，奉祂的命令来到这个世界，从事于祂的事务……祂要他们存在多久就存在多久，而不由他们彼此之间作主"[6]。显然，洛克更看重的是政治权利的平等。正是基于上帝赋予人们政治权利平等的这种不可怀疑性，洛克进而提出了自由和民主的必要性和合法性。

关于平等的神圣地位的获得，洛克的观点在现代主义体系内受到了很多质疑甚至批判。主要集中在两个方面：首先，宗教色彩太重，使其受到了很大的局限。洛克的观点似乎隐含着这样的逻辑，只有相信上帝的人才能获得平等地位，也才能享有自由和民主。甚至在英美有些教师反对在公立学校讲授洛克的《政府论》，因为它违反了宪法赋予的宗教自由权利。实际上洛克之后的很多自由主义学家采用的是公理方式来赋予平等的神圣地位，即假设所有的正常人都能够基于最基本的理性，作出一件事情是否有利于自己的判断，并进行选择。但也有少数人不满足于此，他们认为还应当更严谨一些，例如美国政治哲学家罗尔斯。可以说罗尔斯撰写《正义论》的初衷就是为了纠正洛克关于平等论述的缺陷。在《正义论》中罗尔斯认为：我们需要为平等找到一种前提，这一前提要足够强大，足够有力，以便建构那个原始状态；这个前提也要足够坚实，以便为一个良序社会中的相互尊重提供基础。并且，这个前提，必须自立于政治价值的高原，从而可以摆脱任何宗教的纠缠。然而，罗尔斯实际上也并没有比洛克走得更远，因为他所找到的那

6 《上帝、洛克与平等》【美】沃尔德伦Jeremy Waldrom著，郭威、赵雪纲等译，华夏出版社出版，第135页

个前提仍然没有跳出直觉主义（关于直觉主义读者可参见作者的《从点说起》一书，作者注）。反过来说，洛克所说的上帝其实也是一种直觉，与康德、罗尔斯的至善，与其他自由主义理论的公理，就本质来说是一回事儿，都是一种直觉上的绝对。这种绝对在现代主义体系内被划归为唯心主义。

洛克平等观点受现代主义体系内"同志"质疑的另一点是，他枉顾人们在社会实际生活中所表现出来的巨大差异，从而忽视了政治精英和政党的作用。例如洛克在《人类理解论》中说：普通人的能力和品性，比起"无所不知的博士"和"饱学的辩才"衰微败坏的判断力来说，在道德和政治上要可靠得多。实际拥有政治权力的人不大可能会是可靠的导师，因为与其说他们是在为真理寻找追随者，不如说他们是在为属于自己的学说寻找追随者。其实撇开世界观的分歧不说，作者是相当欣赏洛克的上述观点的。遗憾的是他的观点存在一个绝对化的前提。

可以想见的是，在现代主义体系内对洛克赋予平等绝对地位方法的最强烈的批判来自该体系内另一派别唯物主义，其最为典型的代表就是马克思主义。

马克思主义同样想赋予平等某种绝对的意义，并以此为基础建构自己的社会治理最终解决方案。但马克思主义所采用的方法与洛克在表面上有显著的不同，他的解题思路大致是这样的：人都是利己的，这是客观事实。既然人都是利己的，那么人人都不希望其他人比自己更利己，在利己的程度上人人是平等的。而所有社会问题也都可以归结为事实上的不平等现象，因此只要从根本上做到了社会资源的平等分配，就可以实现人类社会由乱到治的治理。并且他的承认绝对真理世界观和唯物主义方法论告诉他，如果这样一条解题思路存在，它就应当是一个不以人的主观意志为转移的客观规律，他的任务就是把这个规律变成一门科学，即所谓的科学社会主义。用恩格斯在《社会主义从空想到科学的发展》的话说：通过历史唯物主义观和剩余价值生产的秘密这两个伟大发现，"社会主义变成了科学，接下来要做的是探究这门科学的一切细节和联系"。当社会主义变成了一门科学，等于是说"共产主义社会的到来不是一个假设，也不是一个自由选择的目标，而是内在的历史过程的结果"[7]。在科学社会主义理论体系中，人类历史被描述为一种不断进步的生产力与落后的生产关系之间依据辩证法展开的螺旋式上升的过程。在这一过程中，除了人类社会初期的原始共产主义社会，阶级斗争始终贯穿其中，这一斗争总是以代表先进生产力的阶级的获胜而告终。

正是因为马克思将自己的理论视为科学，所以马克思几乎在所有关键的地方使用的都是一种不可置疑的语言，如他在《资本论》导言中说："作为自然发展的一个单独的阶段，现代社会既不会被一个法令所回避，也不会因此而被取消，它至多能够缩短它的酝酿期和移交期。这些阶段为自然规律和趋势所支配，必定根据铁的必然性所完成"。马克思的这种态度被很多学者批判为历史决定论，甚至唯意志论，即带有很强的唯心主义色彩。

我们应当承认，马克思强调的所有概念都有一定的事实观察作为基础，但是他的所有观察都不能必然地排除其他的事实观察；我们也承认马克思对所有历史演进的推理都有前因后果的关联，但是所有这些关联都不能必然地排除其他的可能。当然马克思也有他机会主义的一面，比如当有人举出与其观察不同的事实时，他会用那是生产方式转变的结果、上层建筑反作用的结果等等托词加以回避。而且辩证法也为类似这种托词提供了空间。

7 引自安东尼奥·拉布里奥拉（1843-1904）意大利马克思主义思想家，与恩格斯、考茨基、李仆克内西、阿德勒、倍倍尔等马克思主义者频繁通信，作者注马克思说一不二的论述方式，说好听了是一种过分的"严谨"，说不好听了是一种盲目自信。不管怎么说，有一点是肯定的，即马克思主义的理论必然会在实践中暴露出内在的矛盾性。因此，在实践中不断有人试图对马克思主义进行修正，作者称之为去钢性，以便提高其可操作性，降低社会风险。这种现象被正统的或自认为正统的马克思主义者批判为修正主义。例如修正主义的一支认为马克思主义的无产阶级革命理论太血腥了，太缺乏对人的关爱了，主张通过和平的方式维护工人阶级的利益。有人称其为议会社会主义或民主社会主义，这支修正主义对欧洲随后的工人运动产生了较大的影响，甚至今天这种影响还能在西方一些主要政党的政见中有所表现。其实更广义地说，前苏联的社会主义实践和中国今天的社会主义实践都是一种修正主义的实践，道理很简单，如果依照马克思的原教旨，在实践中是很难行得通的。中国共产党取得政权的实践，从农村包围城市、土地改革到统一战线理论的提出，说恭维一点是对马克思主义的灵活运用，说不避讳一点无一不是对马克思主义绝对化的修正。对此，正统的马克思主义者完全可以给这种实践扣上机会主义、经验主义、怀疑主义、修正主义等等大帽子。再举一个例子，马克思看到了人类社会的经济基础对上层建筑的影响这个事实，却忽略了同等重要的上层建筑对经济基础产生影响的另一个事实，注意作者这里是说这两种相互之间的影响是同等重要的，不是一个简单的谁决定谁的问题。一个典型的例子就是中国改革开放前后的对比，当你认为社会主义的草比资本主义的苗更重要的时候，我们看到的是一个濒临破产的国民经济，相反当你终于意识到资本主义的苗也重要的时候，我们看到的是今天中国欣欣向荣的经济。

尽管在实践中修正是必要的，但很快修正主义者发现，如果不对马克思主义的整个理论框架进行大手术，任何简单的修修补补在理论上是行不通的。就像任何体系的教条一样，由于它是建立在所谓的绝对真理基础上的，因此它是无法真正地去修正的。修正的结果必然是"试图增强它的基础，结果是破坏了整个建筑"[8]。于是很多原来的马克思主义者纷纷另辟蹊径，开始寻求新的社会主义之路，有的分支甚至完全摆脱了马克思主义的理论体系，其中一个典型实例是自由社会主义。自由社会主义认为所谓的无产阶级专政其实等同于暴政和专制，是违背人性的，因此必须抛弃。自由社会主义的代表人物罗塞利认为："与之前诸种理想城邦的乌托邦相比，现代社会主义的新颖之处在于这样一个事实，即对那些一直处于公民生活和政治生活之外，因而无法谴责不义，而只能期待仁慈的人来说，社会主义成了一个真实的民主流派……"实际上所谓的自由社会主义已经不是单一要素的社会主义了，如果给它添加点中国文化元素，可以称其为自由、平等两要素的中庸主义，你既可以将它视为一种多元社会主义，也可以将它视为多元资本主义。

在不承认绝对真理世界观看来，平等本来就不是一个纯的概念，它内在地包含了自由、公平、正义等其他要素，任何将一个概念看成是封闭概念的理论都会必然产生主义悖论，关于这点我们将在后面的内容中详细讨论。因此，自由社会主义主义最大的好处是提高了实践的可操作性和可持续性。在理论上也更加科学了。

如果我们将洛克和马克思分别视为右派和左派的思想家代表，再通过对洛克和马克思关于平等完全不同的解读的分析，我们不难发现，左派和右派各自并不是没有理性，而且看上去还相当地有理性，它们的世界观也是一样的，都承认绝对真理的存在。它们之所以表现出理性上的严重对立，是因为它们共同的世界观错了，这个世界观将一个多彩的世界看成了单一的世界，将一个有无限多

8　《自由社会主义》【意】卡洛·罗塞利著，陈高华译，吉林出版集团有限责任公司出版，2008年11月第1版，第51页

可能的世界看成了只有一种可能的世界，将一个有多重可能选择的世界看成了只有一种选择的世界。例如前面讨论的，马克思主义连修正都不可以，还能与其他主义产生对话吗？因此，要从根本上化解愤青之愤，只有通过改变世界观才能实现。

第二节　逻辑也是有颜色的

我们在上节曾留下了一个话头，即我们说任何单要素的主义都会必然地产生关于该要素的主义悖论。意思是说，你越是想强调这个要素的意义，去拼命地纯化它，在超过它的耐受力后越会产生适得其反的结果。通俗地说，我们不是反对平等，相反我们认为平等是社会治理不可或缺的要素之一，但我们不能一味地强调平等，当超过合理区间后，你还要强调平等时，你会得到与强调平等相反的结果。下面我们还是以马克思主义对平等的关注为例来进一步解释主义悖论的含义。

又拿马克思主义说事，左派可能会不高兴，认为作者有偏袒一方之嫌。这是因为一方面，作者在其他著作中已经多次关照过自由主义；另一方面，如果站在现代主义立场上说，马克思要比洛克叙事更严谨，更有资格被称为政治哲学家，因此作为剖析对象也更加典型。当然，这里我们所说的叙事严谨，在现代主义的语境下可能更多是褒义词，但是在不承认绝对真理语境下则更多是贬义词。也就是说，正是因为洛克没有那么"严谨"，洛克的很多观点要比马克思有更多的实践空间，"脾气"也比马克思更好，更容易说上话。

上节我们谈到所有概念都是有颜色的，即任何概念都不可能是纯的和有绝对确定边界的。如果在本节我们说逻辑也是有颜色的，想必一定有不少读者感到不可思议。如作者在《从点说起》一书中指出的：逻辑推理的严密性是建立在前提条件的严密性基础上的，也就是说前提条件越严密，逻辑推理才有相应严密的空间。逻辑推理本身并不能产生前提条件所限定的真实信息以外的新真实信息。当然这不等于说逻辑推理没有意义，它的意义在于将前提信息所包含的有用信息，在其他干扰信息混杂的背景中，指认出来直接供我们利用。我们可以将对逻辑推理的这段描述概括为，逻辑推理定律：

逻辑推理结论所包含的信息≤前提条件所包含的信息

逻辑推理定律告诉我们：1、在前提条件限定的范围内，逻辑推理的确表现出一定的严密性，即越严密的推理越接近前提条件所包含的真相，或者说从前提条件限定的范围提取出的真实信息越多；2、前提条件越确定，逻辑推理的作用越小。因为前提条件越确定说明干扰因素越少，真实信息表现得越明显，我们也越容易直接看到。就像一个人在众目睽睽之下杀了人，办案人员不用什么推理就可以直接指认他为犯罪嫌疑人一样的道理。根据以上讨论，显然在一种假设的特殊情况下，即当前提条件是绝对真理时，逻辑推理就没有任何作用的空间，因为前提条件是绝对确定的，没有任何干扰，意味着所有人都没有任何疑问。我们将这种情况用逻辑语言表述为：

> 如果A是绝对真理，那么
> A=B
> 当且仅当，B就是A。　　　　　1.2.1

上述表达的意思为，当A是绝对真理时，任何逻辑推理都不能产生任何新意。这种情况，我们称之为重复表达，或重言式。

有读者可能会说，你这不是废话吗。不对，这不仅不是废话，而且还有重大意义，因为上述表达等同于对绝对真理世界观的否定。如果我们的世界真的存在绝对真理，那么它只能重复自己，并不能成为其他事物存在的前提。换句话说，我们的现实世界不是，也不可能是由某个假设的绝对真理衍生出来的。

回到上节我们讨论的马克思主义理论体系，马克思认为他所揭示的人类社会发展规律是铁的规律，说白了就是绝对真理，那么它在实践中就不应当，也不可能被作任何修改，派生出任何变种，发生时间上的任何延迟，人们也不会产生任何异议，也就是说这个所谓铁的规律必然会在一瞬间就发生并完成。如果真是如此，今天为什么我们还会在争论马克思主义的是是非非，我们的社会还在苦苦寻求治理方案呢？当然同样的问题也适用于洛克，适用于自由主义，如果他们也认为自己的理论就是真理的话。

如果说，逻辑推理定律否定了，由所谓的绝对真理推演其他次生"真理"的可能性；就意味着逻辑推理定律同时也否定了，由"次层级真理"逆向推演绝对真理的可能性。这个结论我们可以用如下两个表达式表达：

$$\text{绝对真理}\quad(\text{经逻辑推理})\quad\times\!\to\quad\text{次生真理}\qquad 1.2.2$$
$$\text{次级真理}\quad(\text{经逻辑推理})\quad\times\!\to\quad\text{绝对真理}\qquad 1.2.3$$

表达式1.2.2和1.2.3中的符号"×→"表示此路不通。还是用马克思主义为例对上述两个表达加以说明，左愤也别太计较，谁让马克思公开标榜自己的理论就是真理呢。表达式1.2.2是说，如果共产主义是绝对真理，那么马克思也不能由共产主义经严密的逻辑推理反推出阶级斗争的必然性；表达式1.2.3等于是说，即便马克思认为阶级斗争是确凿无疑的事实，那么马克思也不可能用它作为前提条件，通过严密的逻辑推理证明共产主义是绝对真理。实际上，我们在日常生活中能够根据一件事情预测另一件事情的发生是由于我们生活的环境是不存在绝对真理的环境，所有事物都是谱结构的，因此我们能在一定程度上通过发现一件事情具有某种色彩，来预测将来某件相关的事情也会有类似的色彩。如果马克思发现在资本主义社会存在阶级斗争的现象，他预测将来的社会也会存在某种形式的阶级斗争的现象，那么这个逻辑推理是成立的。总之，读者只需记住：从非真理证明真理是不可能的，反过来从真理证明非真理也是不可能的，就行了。因为作者实在没有办法举真实的例子来进行说明，因为现实中就没有这样真实的例子。历史上，特别是哲学史上，有很多人声称他们完成了这样的证明，结果无一例外都被发现他们的前提条件就是错的。正因为现实世界不存在绝对真理，因此现实世界是可能性无限多的世界，我们才可能由一种可能性预测另一种可能性，但读者千万要记住的是，这种预测仅仅是可能性的预测，预测的前提和结果都是包含不确定性的。

如果有读者感觉上面的讨论过于形而上了，那下面我们就形而下一点，就用马克思和洛克叙事共同的起点，人的本性或本能作为对象进一步加以解释。显然，不管是马克思主义还是洛克主义，他们理论体系正确的程度取决于，对人的本性认知正确的程度，因为他们都把对人的本性的认知作为各自逻辑推理的前提，如果前提就存在问题，当然其后的论述体系也自然存在问题，而且问题更大。

前面我们曾讲到，马克思和洛克不约而同地将人的本性简单地概括为利己。那么我们要问的是，人的本性真的就这么简单吗？

这是我们在动物世界这类科教片中经常可以看到的一幕，一对在荒野高原上的鹰正在哺育它们的幼鸟。幼鸟有两只，哥哥比弟弟身材明显大，且更强壮，因为它早孵化出来几天。由于更强壮，哥哥能争到更多的食物，而弟弟则饱一餐饿一餐。对自己的弟弟，哥哥显然不友好，不断地用喙啄它。刚孵化出来的弟弟无力反抗哥哥的攻击，很快受了伤。而正在旁边的雌鸟对哥哥的行为好像无动于衷，甚至有些鼓励。没过两天晚孵化出来的幼鸟就被自己的亲哥哥虐待至死。幼鸟哥哥为什么这么残忍？显然是为了从父母那里获得更多的食物，以保证自己不挨饿。哥哥虽然也是个雏鸟，但它似乎天生就知道这样的道理，这样做有利于保证自己存活下去。我们将类似这样的行为称为利己，而且我们还发现这样的行为不用别人教，与生俱来。道理很简单，如果生命体不利己，它就没有存活的机会，或者存活的机会大大降低。根据这一幕似乎我们很容易得出结论，所有生命体，包括人的本性就是利己。但实际上问题远没有这么简单。如果我们从那对成鸟的角度看，有些问题单纯地用利己本能好像说不通。既然在荒野高原上食物如此匮乏，那它们为什么还要不辞艰辛地去哺育幼鸟呢？而且，它们并不能指望幼鸟长大后会回报它们，在它们老了或生病不能捕食的时候反过来照顾自己。出于利己的本能，它们完全没有必要多此一举。其实这告诉我们，除了利己本能，生命体还有其他的本能，其中之一就是社会依赖。任何生命体为了保证族群的传承，都必需具有社会依赖本能，这种本能也是与生俱来的。这种本能决定了，不管在现实中的生活如何艰难，它都要义无反顾地繁衍后代。这种本能往往表现得与另一种本能利己截然相反，具有利他特征。而这种为群体的正常繁衍表现出来的利他特征，与为保证个体有较大概率生存下来的利己特征，共同构成了所有生命体的本性。而且，这两种表面上看起来有明显区别的特征并不是相互独立的，而是相互交织地反映在每个生命个体身上，并借助单个生命个体表现在生命系统的整体上。

　　到这里，作者仍然对本能的描述不满意，因为这个描述并不能很好地解释，为什么雏鸟的父母会容忍，甚至纵容雏鸟哥哥啄死弟弟的行为。如果繁衍后代是一种直接由祖先那里继承下来的本能的话，那么雏鸟的父母就不应当容忍哥哥的行为，因为这种行为显然违背了雏鸟父母繁衍后代的本意。

通过更多的观察，我们发现动物的父母容许自己年长后代残杀年幼后代的现象并不是普遍现象，这种现象在当食物匮乏时会表现得多一些，而当食物丰富时会表现得少一些，甚至很难看到。

这说明动物在执行本能时，会根据环境的变化有所选择。对前面的老鹰父母来说，因为食物匮乏，与其两个子女都养不活，不如选择给更强壮的那个后代更多的机会，如此才能更有效地完成繁衍后代的使命。当然，如果食物丰富，老鹰父母有可能选择制止哥哥伤害弟弟的行为，而且弟弟因为也能吃到足够的食物迅速长壮，更有能力保护自己。这说明本能并不是绝对地由遗传获得，部分是后天通过经验获得。这种将后天经验及时地反馈到遗传信息中的现象，能够很好地解释：为什么细菌和病毒会产生抗药性、为什么当食物持续丰富的时候，鸟会孵化更多的蛋等等现象。进一步说，如果我们将后天的经验总结视为一种意识行为，将遗传信息视为一种已有的存在的话，那么之前的讨论可以说是一个意识决定存在的例子。或者我们也可以这样认为，所谓的意识就是一种存在，而存在本身也包含了意识，它们之间本来就没有绝对的界限。

现在，如果有读者问作者，你对到此为止关于本能的描述该满意了吧？作者仍然会回答，不满意。而且永远不会有满意的时候。因为，我们永远都不可能终结对本能的认知，否则这个认知就成为了绝对真理，生命也就同时失去了意义。例如在人类看来，哥哥啄死弟弟的行为显然是不道德的，甚至是违法行为。人类将那些为了实现自身的利己妨碍他人正当的利己行为称为自私，从根本上说人类社会治理的任务就是减少自私，而不是减少利己。但在实践中，我们往往很难区分什么是利己什么是自私，实际上在很多场景它们也根本就不能区分。我们甚至可以这样说，正是这种模糊不清才是生命产生和进化的原因。因为环境提供的食物量是鹰不可能事先精确掌握的，而且食物量本身是不断发生变化的。鹰如要保证整个生命系统长期生存下去就必须保持自身尽可能强的适应性，或曰使利己的能力更强。如果鹰父母给幼鹰过多的"道德"干涉，从长期看反而不利于鹰整个生命系统的生存，或曰不符合鹰生命系统的整体利益。从这个意义上说，利己就是社会性的表现形式，或者反过来说社会依赖是通过利己来实现的。

对于不同的生命系统，上述利己和社会依赖的特征在表现形式上会有很大差异。有的生命系统，如老鹰利己特征会更强一些；有的生命系统，如蚂蚁、蜜蜂社会依赖特征会表现得更强一些。所有这些差异是由很多因素决定的，我们就不需赘言了。

言归正传，回到逻辑话题上。正是由于马克思和洛克都把原来是丰富多彩的人的本能涂上仅仅是利己这一单纯色彩，并据此通过逻辑推理展开各自的理论体系，因此本能色彩缺失的错误就自然会传递至其后的各个环节中，从而造成最终结论的缺陷。更为要命的是，在随后的各环节中，他们对待其他概念依然犯着与认知本能同样的错误，继续把多色彩的概念视为单色彩，这就更加大了最后结论的问题。

虽然犯的是同样的错误，但由于马克思追求的近乎是一种元叙事，即给出社会问题的终解，他的推理链条相对洛克更长，因此错误积累的程度也必然更严重，所谓主义悖论的特征也更明显（鉴于主义悖论有一定的理解难度，我们还将在下节通过具体例子加强讨论，作者注）。

在推理过程中，如果研究者对逻辑的运用采取谨慎态度，是存在一定的机会对之前的错误进行一定程度的纠正或缓解的。就像在日常生活中常发生的，虽然很多人也存在对逻辑推理认识上的错误，夸大了逻辑推理的作用，但因为人们的目的仅仅限于生活中的简单事情，所以绝大部分由逻辑推理产生的问题会通过行为人积累的生活经验加以修正。但对那些本来的目的就是追求哲学效果的理论研究者来说，这种错误就很难改正了。

以马克思的阶级斗争理论为例，如果人的本能就是利己，没有掺杂任何其他成分，那么以此为前提，推论出当随着人类社会生产力水平的提高，产生出剩余价值后，人类社会必然会分化出阶级，并引发阶级斗争，而且这种阶级斗争会越演越烈，最终导致无产阶级暴力革命，似乎这一推理过程是很严密的。注意作者使用了似乎一词，因为即便从利己的角度说，这一推理过程也不是严密的，因为什么是真正的利己，不同的人是会有很不同的理解的。你要使推理严密，还必须给出什么是利己的完全确定的解释，显然根据表达式1.2.3，这是不可能的。但马克思显然不会这么认为，他会觉得自己的推理过程是天衣无缝的，因为每个中间结论都能在社会实践中找到客观的例子。因此，马克思大胆地设想了科学社会主义蓝图，并称之为不以人的意志为转移的客观规律。像马克思这样的研究者，在观察事物时先入为主的特征非常明显，因为当他看到事物的某一特征后很容易就把它视为是该事物的唯一特征，因为他的世界观是这样告诉他的。因此，当马克思确信阶级斗争是客观事实后，就会对阶级相互依赖、相互促进甚至相互转化的其他客观现象视而不见，片面地强调阶级斗争的作用，并最终得出共产主义谬论。在这里举一个很有意思的例子。按照马克思《资本论》的观点，资本主义发生的铁的规律是：两极分化，即越来越多的社会财富集中在越来越少的富人手里，而越来越多的苦难堆积到越来越多的穷人身上，然后由此必然地引发无产阶级革命。有人指出，按马克思的逻辑，英国是资本主义发展最早也最充分的国家，那为什么在英国没有发生无产阶级革命，不仅如此英国的无产阶级状况还得到了不断改善呢？对此恩格斯也承认，在英国占优势的趋势不是苦难的增长，而是相当的改进。他认为这可以归因于英国"剥削全世界"这一事实，英国人"这一所有民族中最资产阶级化的民族，看来想把事情最终弄到这样的地步，即除了资产阶级，它还要有资产阶级化的贵族和资产阶级化的无产阶级"[9]。既然马克思揭示的关于资本主义的规律是铁的规律，是不以人们的意志为转移的客观规律，那么在英国出现的情况还允许恩格斯做出这样的解释吗？

对此肯定会有读者，特别是左派读者提出质疑：既然马克思主义理论从一开始就带有缺陷，那为什么马克思主义能指导一些国家的共产党成功地实现了无产阶级革命呢？我们说马克思主义理论不可能是严谨的，不等于说马克思主义理论一点意义也没有。因为，即便他从一开始的前提设定就存在错误，但这个前提也并不是凭空捏造，是有一定的真实观察基础的，同样其后的一系列观察也都是有一定的事实依据的。例如，当我们放任资本自行其是时，社会就会有很大概率出现马克思所描述的两极分化现象，对此即便是相当一部分自由主义学者也是承认的。因此，我们不能简单地说马克思主义理论是错的，我们能说的是它犯了绝对化的错误。例如，由于马克思没有看到人本性的社会依赖特征，才会过度地强调阶级斗争的绝对意义，忽视了阶级之间相互依赖、相互转化、相互妥协的可能。而后者在我们今天的社会现实中随处可见。作者之前在两部著作中都曾指出过，对那些两极分化极端激烈，社会本身又没有良好的民主运行机制的社会，马克思主义理论仍然是一剂对症的猛药。但服用者必须清楚，这是一副带有极大负作用的猛药，切记不

9《马克思恩格斯选集》第4卷，人民出版社，1995年，第552页

能过度服用。如果当饭吃，必定生而复死。对此经历过文化大革命的中国人想必都有切身体验，仅仅十年，一个这么大的国家就快崩塌了。

需要指出的是，对于马克思主义的错误和马克思逻辑观，洛克们也不要单方指责，你们其实也犯了同样的错误，区别仅仅是出发点不同、角度不同、程度不同而已。你们的指责多少有点像一种另类的"五十步笑百步"。

如果一个学者是这样立论的，出发点具有一定的合理性，推理又貌似严密，最后的结论更是带有完美的诱惑力，把一个恼人的社会问题解决得干干净净，那么俘获一大堆粉丝就不是一件很让人惊奇的事情了。尽管他的结论在另一部分人看来是极端荒谬的。世界观错误加上盲目自信的逻辑推理，其产生的所谓对未来的科学预测，在某种程度上还不如算命先生的预测，尽管这种对比多少显得对学者的不恭敬。一个好的算命先生其实并不是枉顾事实地瞎测，他或她往往具有较为丰富的实际生活经验，并很留意观察生活中各种现象之间的关联性，他们的预测大都基于自己的这些知识和经验，再经过一定的逻辑推理产生的。例如，他们可能注意到，如果一个人的脾气比较大，那么他脸部表达生气表情的相关肌肉就会相对发达，因此只要仔细观察他的面相，就不难发现这一特征。如果此时一对刚结婚的年轻人来预测他们的婚姻，算命先生看到两人都是一副生气脸，就会给出相关的预测，你们将来会经常吵架。甚至还会提出自己的破解方案，如给夫妻二人各发一个"免战牌"，一旦一个人发火，另一个就举"免战牌"止战。如此，彼此间的感情会越来越好。当然，作者只是随便举的例子，但足以说明，"好的"算命先生是可以产生有想象力的预测的，因为这种预测是有丰富的生活经验基础的，其推论也是能够反映生活事件的某种因果关系的。这种看上去绝非严谨的逻辑推理，可能比马克思看上去很严谨的逻辑推理反而要"科学"，也更有可能获得实践的反馈。

2019年4月12日，中国教育部颁发了一个禁令，禁止在义务教育以外进行打着国学教育的招牌，传授算命、宗教、三从四德的教育活动。虽然，作者并不认为对这种现象应大加鼓励，而且这些体制外的教育也存在糟粕，表现为另一种教化式教育。但作者以为之所以出现这种现象，反映出的是我们的现行教育体制存在着极其严重的问题，与其让我们的孩子从小就被灌输马克思主义哲学、共产主义信仰，毁掉孩子们的思想创造力，还不如让他们接受更有利于开智的教育。关于这个问题，作者将在本丛书的专著《教化还是开智——谈中国的教育体制改革》一书中与读者进行详细的交流。

通过前面的讨论，作者想指出的是，愤青之所以愤，最根本的原因是互愤双方的世界观都是错的。而这种世界观错误的一个直接表现形式就是对逻辑推理的认知错误，将逻辑推理理解为真理的推演，因此造成了互怼的双方难以切入对方的话题和逻辑链。

第三节 主义悖论

在上一节，我们曾用了一个算命先生和马克思进行对比的例子。借这个例子，作者指出：当我们误以为前提条件绝对正确，又盲目地相信逻辑推理的严密性时，我们所得出的结论，有很大的可能比算命先生看上去随意做出的推理还要荒唐，更加不可信。本节我们就通过对实例的具体分析，通过主义悖论的概念，进一步解析为什么会出现这种情况。

为了加深对主义悖论的理解，我们还是用马克思基于人的利己本能推演出共产主义的过程作为例子，帮助读者了解主义悖论产生的过程。下面我们简要概括一下马克思的研究思路：

首先，马克思的立论前提是人都是利己的，显然这是一个客观事实，没有人会提出异议（注意，这段话是在承认绝对真理语境下的表述）。

然后，他以人的利己本能为前提，提出他的核心概念：平等。他的逻辑是，既然人人都是利己的，那么他就必然希望他在社会中相对于其他人是平等的。当然，出于利己人人也都希望一旦有机会就去占别人的便宜，这对他来说也是符合利己本能的，但对被占了便宜的其他人来说是不平等，因此必然受到其他人的反对。当然，其他人也会如法炮制对他。至于能不能获得占便宜的机会因人而异，但大家都会共同坚守平等这个底线，因为在这个底线上，大家谁也不会被占便宜，也占不了其他人的便宜，因此这个底线也就是大家共同的道德底线，多数西方政治家称之为普世价值观或普世价值要素。反过来说，人类社会存在的所有问题都表现为平等这个普世价值要素被破坏了，我们要从根本上解决社会问题，就必须建立一种社会制度，在这个制度下社会平等能够得到完美的实现，马克思将这种社会制度称之为共产主义社会制度。在共产主义社会制度里，由于生产力水平的极大提高，人们只要各尽所能地参与社会劳动，就可以根据自身的需求获得产品，人人都可以获得充分地满足，因此是一个实现了充分平等的社会，社会问题也就自然获得了彻底解决。

接着，马克思提出了他的可行性报告（应当说是一个必然性的推理过程，起码在马克思看来是这样的。作者注）。这个报告有两条主线：一条是历史唯物主义观。马克思认为利己的人要兑现更大的利己，只有通过生产力水平和生产效率的提高来实现，而不能通过凭空想象去实现，因此他认为社会的生产力水平决定生产关系，经济基础决定上层建筑。共产主义不是你信不信的问题，而是一个随着生产力水平的提高，必然到来的客观铁律；另一条是剩余价值理论和由此衍生的阶级斗争理论。在私有财产神圣不可侵犯的私有制下，资本家通过占据生产资料的优势，拼命追逐剩余价值，必然导致阶级分化的加剧和阶级斗争的激烈程度，最后代表先进生产力的无产阶级必然会通过革命的方式推翻旧的社会制度。为了消灭剥削阶级，新的社会体制必须是生产资料公有制社会，即实行社会主义制度。社会主义制度实行无产阶级专政，对社会资源实行各尽所能，按劳分配。虽然，社会资源的分配还存在一定的不平等，但这种体制将极大地促进生产力水平的提高，随生产力水平的进一步提高，社会资源的分配将更加趋于平等，并最终达至共产主义，即高度平等的按需分配。在共产主义社会，由于人人的利己需求都得到了充分满足，由此引发的社会问题也就自然得到彻底解决。

马克思主义理论，从承认绝对真理世界观角度看似乎非常严谨，步步到位，步步符合逻辑，以至于即便是马克思主义的批判者，也很难从中下手，指出其逻辑上的缺陷。他们至多是说，共产主义是乌托邦，在现实中难以实现。那些修正主义者也只敢在一些枝节问题上做做文章，而在关键点上不敢越雷池一步。如修正主义的领军人物之一伯恩斯坦在他的著作《社会主义的前提》一书中说：他与马克思主义拥有同样的哲学前提，并且为它那深刻的科学性辩护。他的目标是在一个不可动摇的基础上确立新社会主义科学的原则。为了实现自己的目的，伯恩斯坦将马克思主义理论小心翼翼地划分为两个部分：不可触动的部分和应用科学部分。他认为马克思主义只给其他人在应用科学部分留有修改的空间。意大利学者罗塞利指出，关于马克思主义还有一个奇怪的现象，就是不管是马克思主义拥趸者还是反对者，至今都没有人编撰一部能够较为全面反映马克思主义理论体系发展史的书[10]。的确作者在撰写本书时，也没有搜到这样的书。这从一个侧面说明，由于马克思主义的叙事过程太严谨了，很难描述不同观点之间的细微差异。当然，这是指在现代主义体系内而言的，即大家都承认存在绝对真理，也都相信逻辑推理的所谓绝对严谨性。当你从不承认绝对真理世界观角度看，这套貌似严谨的理论体系错误多多。下面作者先指出马克思主义的主义悖论表现形式，再详细分析主义悖论产生的原因。

如前所述，马克思在人人利己的前提下，基于平等概念推理出共产主义的必然性。相对于马克思主义而言，主义悖论指：在共产主义社会，社会资源的分配看似很平等，但由谁来进行分配呢？按照马克思主义的推理逻辑，起码在它的初级阶段是由共产党领导的专政政府来进行分配，这就意味着社会资源的平等分配的实现是依靠政治权利上的不平等来实现的，而且随着对资源分配要求的提

10 《自由社会主义》【意】卡洛·罗塞利著，陈高华译，吉林出版集团有限责任公司出版，2008年11月第1版，第107-108页

高，政治权利的不平等程度也越来越高，绝对的分配上的平等要求绝对的政治权利上的不平等。显然，这个结果与马克思的基于平等的出发点是极端矛盾的。貌似严密的逻辑推理过程却得出了与其前提相悖的结论。既然人人利己，为什么大家能够容忍权力上的极端不平等。既然人人利己，你又怎么保证分配资源的人绝对地无私，而且这种无私可以稳定地、大面积地、永远地保持下去？如果说，当社会资源非常丰富的时候，分配资源的人已经没有必要贪污了，那么在社会主义初级阶段，社会资源还不够丰富时，谁来保证权力不会腐败呢，如果发生了腐败，又由谁来监督和纠正呢？如果说，在旧制度无产阶级一无所有，最具革命性，还有些说得过去，那么在社会主义社会，大家都一样了，难道无产阶级的儿子、孙子、以至子子孙孙依然能必然地继承这种革命性吗？

必须指出的是，这种主义悖论不是马克思主义所特有的现象，而是所有想追求极致的主义所共有的现象，这其中当然也包括自由主义。借这个机会作者想强调一点，同在承认绝对真理语境下，相互对立的主义并不能从根本上否定对方，因为它们的世界观和对逻辑推理的认识是一致的。这也是从冷战以来，敌对双方在意识形态问题上斗了几十年也没斗出结果的理论上的原因。

为什么会出现主义悖论？根本原因，如我们反复所说的，当然是承认绝对真理的世界观。从承认绝对真理世界观出发，主义们自然会把原本多彩的概念当做单色的概念作为立论的前提，然后把随后的一系列逻辑推理视为严谨的真理传导过程，在这一过程中又不断地将新引入的概念同样视为纯洁的概念，从而不断地放大错误，最终背离自己的初衷。

以本能为例。如我们在前面讨论的，人的本能这个概念并不是也不可能是一个单色的利己概念，还有社会依赖等其他重要颜色，这是其一；另外利己这个概念本身同样也不是纯的，不同的人有不同的理解，这是其二；而且，不同颜色之间并没有绝对的界限，也就是说我们不可能将利己和社会依赖绝对地分离出来，这是其三。那为什么马克思认为人的本能就是利己呢？是马克思的世界观和方法论造成的，当马克思基于所谓的唯物主义方法论去观察和研究这个世界时，他在看到了人的利己一面时，就会有意无意地无视其他本能特征的存在，此时他就已经犯了唯心主义的错误，走到了自己立场的反面。他的研究结论共产主义更是比柏拉图或康德还要唯心，因为当柏拉图指着方形图案说，大家都认同这是一个方形时，显然他要比马克思硬说共产主义是历史的必然更客观一些。这说明马克思在展开自己的理论体系之初就已经彻底地背离了其设想的前提条件，唯物主义其实已经变成了唯心主义；"绝对严谨"的推理已经变成了不切实际的的想当然。

容易想见，在主义论证的前提存在严重缺陷的情况下，主义逻辑推理的链条越长，悖论的现象就容易越严重。马克思从利己本能出发，借助剩余价值理论推理阶级和阶级斗争，应该说具有一定的合理性，从这个意义上说，马克思的资本论是有一定学术价值的。给他颁个什么奖也是应该的。但同时我们应当看到，所谓的阶级和阶级斗争理论是有严重缺陷的，就像人的本能在利己成分以外还有相互依赖的成分一样，不同的阶级既有相互利益冲突的一面，也有相互依赖的一面；有斗争的一面，也有相互帮扶的一面。也正因为如此，早期的资本主义才能够演化至今天的人权状况得到明显改善的状态，甚至在有些国家工人党可以成为执政党。

当马克思通过逻辑推理将自己的理论延伸以后，其产生的中间论点就越来越荒谬了。最典型的恐怕就是无产阶级专政理论了。马克思认为既然无产阶级受旧制度的压迫和剥削最深，那么它的反抗精神就必然最强烈，而且无产阶级的革命性也必然最坚定。显然，基于人的社会存在决定人的意识的历史唯物主义观点，这样的推论是符合逻辑的。但正因为马克思忽略人的社会依赖本能，因此上述逻辑解释不了，为什么出身所谓剥削阶级的知识分子，不站在自己的社会存在立场上维护剥削阶级的利益，反而启蒙和领导了无产阶级革命？如中国的陈独秀、李大钊、周恩来、澎湃，甚至毛泽东都不能说是出身于无产阶级，但却领导了中国的共产主义运动，其中李大钊和彭湃还为此慷慨就义。既然，无产阶级是先进生产力的代表，那为什么当代推动生产力大幅提升的网络革命、信息革命都主要是由知识分子群体引领的？显然是因为马克思忽略了或者根本就没有意识到，人类的意识活动也是一种实在，它与可见的直接的生产劳动一起决定生产力发展水平，甚至在今天它所起的作用更大。因此，我们可以说无产阶级通过其先锋队共产党在当今社会应当领导一切的观点是站不住脚的。

马克思主义关于阶级斗争的极端理论，在无产阶级革命的实践中对社会造成的危害极大。尽管这种危害从另一方面可能在一定程度上帮助了共产党取得政权的努力。作者记得在改革开放前曾读过一本描写解放战争期间东北土地改革的书，好像书名是《暴风骤雨》。在土改初期，发动农民打土豪分田地遇到了一定的困难，因为部分农民下不了这个手，认为东家（指地主富农，作者注）在他们一路靠要饭闯关东时收留了我，并出租土地给我种，东家对我是有恩的，现在分东家的浮财和田地是忘恩负义的行为。土改工作组用马克思主义的阶级斗争理论反复教育这些农民说，地主是剥削阶级，他们是吸贫下中农血的吸血鬼，是我们的敌人，是应当消灭的。不是地主养活了你们，而是你们养活了地主。地主的土地是怎么得来的，不正是靠剥削才得来的吗。因此，分地主的土地是剥夺剥夺者，是正义的等等。最后终于说服了广大贫下中农积极地投入到土地改革运动中：既然能通过剥夺而合法地获得土地，何乐不为呢。通过土地改革的进行，东北人民解放军的兵员很快得到了扩充，战斗力也得到了极大的提高，因为大批新参军的农民子弟有了更加明确的战斗意志，即保卫自己的财产，以免它们被再剥夺回去。如果说，对于一个积贫积弱的社会，采取一些偏激的做法，对对尽快实现社会整体秩序的重整，还具有一定积极意义的话，那么，在共产党取得政权，特别是在政权已经基本稳定后，继续采取阶级斗争的方式来治理国家，就显得极为荒唐了。什么阶级斗争要年年讲、月月讲、天天讲；将民众分为敌我矛盾和人民内部矛盾，阶级立场是一个随时可以砸下来的大棒子；知识青年上山下乡接受贫下中农再教育；工宣队进驻所有单位，实现无产阶级领导一切等等，哪一桩，哪一件事，可以证明科学社会主义是一门科学？正因为马克思忽略了人性中社会依赖特征，只强调利己特征的作用，才导致他在自己的理论推理中只看到了阶级斗争对社会变革的作用，看不到阶级调和对社会进步的作用，走向了极端。如果对今天的人提一个类似土地改革中的问题：是老板养活了你，还是你养活了老板？我不知道大家会怎么回答。但作者相信，有很大的可能回答不会是，"老板养活了我"或"我养活了老板"这么简单，因为现实生活告诉他们，谁也离不开谁。

中国改革开放前的社会主义实践充分显示了，以无产阶级专政、生产资料公有制、计划经济为三大特征的科学社会主义的实践，不仅不能大幅提高，特别是不能可持续地稳定地提高社会生产力，反而会制约生产力的发展。不仅我们与西方主要资本主义发达国家的差距在拉大，而且与一部分其他所谓第三世界国家的差距也在加大。对此，左派愤青一定会提出反对，他们会说建国后，特别是在第一个五年计划期间，中国的国民经济的增长是非常快的，如果不犯文化大革命的错误，差距可能会缩小。作者承认，在文革前的一段时期内中国的经济的确有较快发展，那主要是社会由大乱转为有序后的恢复性增长，而且当时全面公有制也并没有实施到位。再说，中国之所以会发生无产阶级文化大革命这样的错误，难道与马克思主义理论没有直接关系吗？如果不是因为科学社会主义实践的不成功，我们又为什么要进行改革开放？而且，改革开放前后国民经济的强大反差，不等于进一步说明了科学社会主义起码不是铁一样的科学吗？

不想再多举例子了，尽管这样的例子甚至更极端的例子还有很多。作者在这里特别想强调的是，我们对马克思主义进行批判，并不是想说明马克思是彻头彻尾的失败者，更不是恶魔。事实上马克思，当然也包括洛克都是在殚精竭虑地为人类社会的善，为平等、为自由而奋斗。资本主义的问题主要是过度放任资本自由造成的；而社会主义的问题主要是过度强调平等造成的，"主要"才是问题的关键。也就是说承认绝对真理的世界观才是那个罪魁祸首，不摆脱这个祸首，不管是左派愤青，还是右派愤青，乃至我们整个社会都会继续付出沉重的代价！

下面我们总结一下主义悖论产生的原因和主要表现形式：

一、从"绝对确定"的世界，走到"绝对不确定"的世界。在前面的分析中，我们指出现代主义哲学的主义之所以犯主义悖论错误，是它们的承认绝对真理世界观决定的。一旦研究者认定这个世界是在一个绝对确定的规律下运行的，那他就必然会在实际观察中犯以偏概全的错误，即将自己在实践中看到的某种真实现象当做绝对确定的东西，并以此作为研究的起点，从而忽略其他的真实，以及这些真实背后的不确定性。当他在这样一个有严重缺失的起点上展开自己的推论后，就会不断地将所有由观察缺失产生的错误放大，由此得出的最终结论必然也会荒诞离谱，表现出极高的现实不可行性。

二、从"绝对"的严密，走到"绝对"的不严密。基于自己的世界观，主义们会想当然地认为自己的逻辑推理是足够严密的，这就使得它们在往后的研究中很难发现和改正在前提条件中隐含的缺陷。如果说前提条件所含的缺陷，在推理的初期导致的仅仅是以偏概全的错误，那么随着推理链条的延长其结论就逐渐从不够全面走向荒诞。

三、从"绝对的善"，走到"绝对的恶"。在不承认绝对真理世界观看来，世界上所有事物都是谱结构的，即都是由许多因素共同作用的结果。但是主义们出于自己的绝对世界观，追求的是单一颜色的绝对作用结果，即以单一颜色为前提，妄图实现问题的终解。这样做的结果必然是，在不断地排斥其他颜色作用的同时，也不断地损害自己的初衷，最终得出南辕北辙的结论。就像我们所举的马克思主义的例子，马克思的初衷是从平等这个善出发，通过不断地给这个善"加油鼓劲"，想使它开足马力发挥出无限的能力，成为绝对的善。但他最后得出的却是一个绝对不平等的结论，即由绝对的善出发，得到的是绝对的恶。

四、由理性走向非理性。不管主义们的观察存在多大的缺陷，但起码这种观察是有一定的事实依据的，也就是说在立论的起点上，主义的研究是带有理性的。但随着它们将推理延伸，缺陷被不断地方大，其结论中的理性成分就会越来越低，当它们达至自己所妄想的终点时，其结论已经很难言什么理性了。这也是愤青们相互之间非常愤，但却不知从哪里与对方论理的原因。作者常见到这样的场面：右愤骂左愤，共产主义明明很荒诞，你却把它当做信仰，愚昧无知！左愤回怼右愤，自由不加以限制，明明会导致大多数人的不自由，你却在天天鼓吹，你才是真正的愚昧！互怼的双方意识到对方的终极观点很荒诞，却又不知道造成这种荒诞的原因，更不能从根子上指出问题所在，双方根本就没有理性对话的基础，那还能有什么其他办法呢，只能愤上加愤。

综上所述，在实践中要避免犯主义悖论的错误，最好的办法就是树立不承认绝对真理的世界观。在你还没有就世界观问题想清楚前，作者的建议是牢记组织定律：在任何一个系统中，对任何一种组织努力而言，它都无法达至其所追求目标的极致。关于组织定律，读者可以详细阅读作者不久将发表的《大科学体系》一书。当然记住作者在《说东道西》一书中提到的老子定律：道可道，非恒道，也是很有帮助的。其实，这也是教给愤青们一个理性争辩的窍门，即指出对方绝对之处，找出反例，提出反问，让对方自己打自己的脸。如，当一个人说唯物主义就是对的，你就反问他，那你说共产主义是唯物的还是唯心的？等等。相信只要你下功夫，就必然会从对方的理论体系中发现大量这类自相矛盾的观点，从而帮助你在有利于自身健康的心平气和的氛围下，与对方理性对话。如此还不伤朋友感情，甚至还能增进友情，在对话中相互促进，共同探讨，何乐不为呢。我们期待今天的愤青中有人能从非理性走向理性，成为明天伟大的思想家。

第四节 社会治理的任务、目标和方法

人类社会未来将会是一个什么样子？对这样一个寻求终极回答的问题，似乎对两种世界观来说都没有太大的选择余地，因为这类问题已经直接牵扯到世界观本身了。对承认绝对真理的世界观来说，它既然承认有绝对真理，那么它就必须对这个问题给出自己最终的明确的解答。比如像马克思那样得出这样的结论，人类社会的终极状态是共产主义社会，在这样一个社会没有阶级，当然也没有剥削和压迫，甚至连国家都不需要了，是一个实现了人类大同的社会。所有的社会问题都得到了彻底的解决，是一个完美的社会。而对不承认绝对真理的世界观来说，人类社会当然不会有所谓的终解，还会存在问题，还需要人们不断地努力去缓解这些问题。总之，人类社会永远没有可以安享明天的那一天。如果一定要求我们给出一个算是答案的回答，恐怕下面这个表述是当前我们能想到的最符合上述要求的答案，即人类社会的明天，应当是一个关于社会治理各种要素的，合理的动态平衡状态。注意，在这里我们只是说"应当是"，而没有说必然是。也就是说，人类社会的未来并不一定是美好的，很可能会发生像核灾难这样的承受不起的灾难。至于说它好与不好，那要具体看我们留给后代的智慧和我们的后代能够创新出何种智慧而定。各种要素的合理的动态平衡这个结论，也许是我们凭借充分想象，能够切实得到的具有相当可行性的结果了。

对这两种关于人类社会未来的回答：一种未来完美，而另一种未来仍然充满不确定性，如果可以选择的话多数读者恐怕会选择前一个。而愤青们，不管是左愤青还是右愤青，更是会不约而同地对后者表示强烈的反对。如果人类的未来永远都要面对不确定性，

那我们这些思想家活着还有什么意义？其实，你们错了。只要你们反过来去想，如果人类的未来是确定的，那么当这一天真的到来，是不是意味着人类的思想自那以后也就同时失去了存在的价值，那对活在这一天之后的人们来说，不仅是思想，就连生活也失去了意义。美被终结了、希望被终结了、追求没有了，人和石头还有什么区别？那种结局不仅不完美，而且还极端地恐怖，甚至比死亡还要恐怖。人类之所以永远都保留着希望，永远都有新的美可以追求，也正是因为完美的日子不会，也不可能会到来。因此我们的子子孙孙也永远都有他们的思想空间，也都有不断地追求在新环境下获得新的幸福感受的余地。

也许关于未来的话题太远了，讨论起来太抽象，不好理解，不如干脆回到眼前的现实问题。即我们之前提到的，愤青们之间争论的，人类社会该如何治理的这个问题。可以说对于社会应当平等、应当自由，马克思和洛克并没有分歧，他们的分歧在于如何实现平等和自由。也就是说，马克思和洛克都把平等和自由视为一种善，他们对社会的治理是有基本相同的起点。既然他们都承认平等和自由都是善，那他们也应当都承认，不平等、不自由是恶，是社会治理的对象。由此，我们可以提炼出马克思和洛克对社会治理认识的共同点，然后从这个共同点再分析他们产生冲突的原因，进而找出化解这种分歧的方法。

我们大家都认为平等是一种基本的善，是因为从各自利己的角度说，当社会资源总量是一定的情况下，在一个平等的社会里，所有的人获得的社会资源是一样的，大家都不会受到伤害。反过来说，在一个不平等的社会里，一定有人获得的更多，而且这多出的部分一定是依平等原则本该由其他人享有的，他们多得的现象是自私行为，是通过损人利己方式获得的，因此马克思认为社会治理的任务就是消灭这种不平等。同样地，我们大家都认为自由是一种基本的善，是因为从各自利己的角度说，在一个自由的社会里，所有的人都不会因为不够自由而受到伤害，即对自由而言大家都是平等的。反过来说，在一个不自由的社会里，一定有人因为比别人更自由，有更多的选择，从而获得更多的利益，而他们多得的利益本来是属于其他人的，是自私行为，因此洛克认为不自由才是社会治理应当真正要解决的问题。由上面的分析，我们不难看出马克思和洛克都认为消灭自私是社会治理的任务；他们的分歧的实质在于平等比自由更重要，还是自由比平等更重要，或者说平等和自由到底哪种善更应该具有优先强调的位置。有读者不禁会说，他们好奇怪呀，难道不是两者都重要吗？不对，因为对承认绝对真理的人而言，真理只有一个，因此要追求社会问题的最终解决必须做出二选一的抉择。从这个意义上说，我们前面提到的愤青互怼的实质也就是如何进行选择的问题。

但是，从不承认绝对真理世界观角度看，上述问题是无必然解的，因此社会治理也不存在所谓的终解。因为平等和自由都是善的基本颜色，缺少其中任何一个善也就不能称其为善了。但我们与马克思和洛克在一点上是有共识的，即大家都认为社会治理的任务就是根据当时的社会环境和条件尽量减少自私现象。不同的是，我们认为平等和自由都重要，不存在绝对的谁更重要的问题，当过度强调了平等，必然会伤害自由，或者反过来过度强调了自由，也必然会伤害平等，这种过度的强调本身都会导致一种善对另一种善的自私，因而都是社会治理需要防止的。而且，我们还进一步认为，所谓的平等、自由、自私等等概念也都不是绝对的单色概念，是互相交叉，互为组成的概念。通常我们只有在不平等或不自由程度表现得非常明显的情况下，才能够较为清晰地识别出来。例如，早期资本主义表现出的极度不平等和独裁社会表现出的极度不自由。换句话说，在我们看来社会治理的任务不仅是要同时维护平等和自由，当然还包括正义、公平等其他要素，从而减少自私现象的产生。而且，我们还要防止过度的平等或自由对其他要素的伤害，我们将这种过度的善称之为要素自私现象。正是基于这样的考虑，我们才提出了未来社会治理目标的表述：社会系统治理的各个基本要素，合理的动态平衡。意即，平等、自由、公平、正义、法制、民主、环保等等基本要素都不能缺失，也都不能强调过头。

接下来，我们再来思考另一个基本问题，即既然人都是利己的，那么我们的社会又如何保证人的利己本性正常去发挥呢？也就是说，我们如何保护，甚至通过社会制度的建设鼓励人们通过正当途径不断提高自己的生活水平，而不是通过自私行为提高自己的生活水平呢？回答这个问题，还是要从对本能的理解出发。人都是利己的，但同时人也都是社会依赖的，这本身就内含矛盾。过度的利己会产生自私，从而也伤害了我们赖以生存的共同的社会环境，反过来也伤害了自己，也就是说自私虽然产生于人的本能，但同时它也违背人的本能；类似的道理，如果我们一味地强调利他，虽然这样做有利于社会的整体利益，但这也同时意味着我们要在一定程度上牺牲自身利益，也不符合人的本能，同样不可持久。因此，如果我们要做到可持续地利己，就必须在利己的同时，兼顾利他，我们称之为智慧地利己。反过来也一样，我们要做到可持续地利他，就必须在利他的同时，兼顾利己，我们称之为智慧地利他。只有不断地提高整个社会的智慧的利己和智慧的利他程度，我们的社会才能实质性地提高治理水平。因此，我们可以将人类社会治理的目标表述为：提高智慧利己的水平（智慧的利己与智慧的利他基本的意思是相同的，以后如无必要我们将不再同时强调，作者注）。显然，要实现这个目标，离不开所有社会成员的努力。而且，这个目标始终都是一个动态展现的、永无止境的目标。

相信一定有读者会产生这样的疑问，既利己也利他可能吗？当然可能，而且你随时都可以做得到。下面我们通过具体例子加以解释。

先举一个有关动物的例子。在非洲有一种鸟叫卷尾，它给狐獴提供一种特殊的哨兵服务。卷尾一旦发现了狐獴的天敌老鹰，就用叫声向狐獴报警，帮助狐獴及时逃跑，但卷尾可不是在学雷锋，它提供这种服务是有自己目的的，即捡拾狐獴逃跑后留下的它们都爱吃的食物蝎子。在食物紧缺时，卷尾偶尔也会发出假警报。卷尾知道这种事情不可以老干，因为狐獴不会甘于上当，故卷尾或者说有智慧的卷尾个体的报警大多数时候是诚实的。而对狐獴来说，虽然偶尔损失了食物，但毕竟卷尾的多数报警有利于自己逃命，因此选择宁可信其有，不可信其无的策略。这种特殊关系总的说来各取所需，是双赢的，体现出双方的既利己又利他的智慧。当然，在这个例子中，卷尾报假警的做法有失君子作风，但它知道用其他有利于狐獴的方式予以补偿，不能不说还算是智慧的体现。也正是因为其中存在的智慧因素，卷尾与狐獴之间的这种合作关系可以在一定程度上得到维持。当然我们不能狭隘地去理解卷尾的假报警，把这种行为当做偶尔行骗的借口。相比卷尾和狐獴的合作，植物通过蜜蜂授粉的合作关系就显得更加智慧了，这才是我们更应当学习的。

我们总说人是最聪明的，但作者以为在很多情况下，人比动物，甚至植物还要笨，他们往往不懂得单纯的利己行为是不可持久的，而且到最后反而可能是最为不利己的选择。例如，文革期间中国的食品供应在大多情况下是很紧张的，人们需要凭票购买。但有一年突然东海产的黄鱼大量上市，居然不限量购买了，市民们着实奢侈了一回。但自那以后，市面上再也看不到黄鱼了。因为那次丰收是渔民们在无意间发现了黄鱼的集中产卵地，大家蜂拥而上将待产的黄鱼几乎一扫而空，导致黄鱼从此几乎绝迹，至今种群也没有恢复。相比卷尾，人是不是应当感到汗颜呢？其实，在更多的情况下，人类远比其他生物表现得更加贪婪、自私，从这个意义上说，人在很多情况下比其他生物更愚蠢，更没有智慧。

反映人类愚蠢和贪婪的一个重要表现形式就是，它总是希望任何事情都可以一劳永逸地获得解决，其实就像一朝吃饱饭不能也不可能永世不用再吃一样，这是不可能的。而造成这类愚蠢和贪婪的根本原因是承认绝对真理的世界观，因此我们完全可以说，这种世界观是妨碍智慧生成的祸根，当然也是妨碍社会治理得到可持续改善的祸根。这里悖论又出现了，当你越想一劳永逸地解决社会问题，社会问题实际上却越得不到合理的解决，总是与你的初心背道而驰。

根据前面的讨论，我们可以给智慧下一个更加广义的定义：在兼顾参与各方利益的情况下，为自己谋取适当利益的能力。显然，这个定义只有在不承认绝对真理世界观的前提下，才是普遍适用的定义。例如，在这个定义下，马克思和洛克都不智慧，因为在研究社会治理的问题上马克思只考虑了平等的利益（作用），而没有兼顾自由的利益（作用），相反洛克则偏重了自由的利益（作用），而轻视了平等的利益（作用）。如果，他们能够互补，同时兼顾对方的关切，那么他们的研究成果就会有质的不同。

作者在《说东道西》一书中曾指出中华文明与西方文明在社会治理理念上的根本差异在于：前者过于强调了人的社会依赖本能的作用；而后者过于强调了人的利己本能的作用。而且两大文明的优点和缺陷正好相反。因此，从智慧的角度说，这两大文明都是有缺陷的，即没有兼顾本能中其他因素在社会治理中的作用，都需要进行改进。改进的方向正好是相互取长补短。

同样的道理，愤青之愤的根源也是在思维中缺少了智慧，他们如果能够相互包容，各取对方所长，各弃自己思维中的绝对成分，就自然能够坐下来进行理性对话，共商未来社会治理的良策，如此不仅对双方有利，也必然对整个社会有利。

综上讨论，我们可以总结出智慧产生的三个条件：

一、不极端。通常极端的表现形式为只顾自己不顾其他，其本质都是一种自私。如：各种主义，只认为自己是对的，其他都是错的，在论理上表现为自私；在日常生活中采取骗、抢、偷等手段获取个人利益，是一种极端利己的表现形式等等。因此，不极端是产生智慧的最基本条件。

二、取长补短。由于世界上本不存在所谓的完美，任何理论体系都有其所长和所短，任何利益与其他利益之间也都有互补性。因此，从理论研究角度说用他人之长补己之短，从利益角度说取他人之余补己之缺，都是既利己也不损人的方法。自然也是产生智慧的重要思维方式。

三、和谐共赢。在日常实践中，我们在维护自身利益的同时，也要注意不侵犯他人的利益，这可以用孔子的话概括为，己所不欲勿施于人。在追求自身利益扩大化的同时，兼顾他人也能从中获益。

智慧看上去很容易产生，举手投足中都能体现。例如，在公共场合开门时，注意你身后的其他人，顺手给紧挨着你的人带一下门，以防把别人碰着。我们称这是一种文明举动。为什么文明被大家称颂，因为这类行为都有既利己也利他的特征。今天你为他人顺带手地做了一件事，他日别人也有很大可能为你做同样的事情，因为他曾经受惠于同样的举动。这种现象在佛教中有一句话，叫善有善报。当然，善不一定必有善报，但越多的人行善，你获得善报的可能性就会越大，这就代表了我们的社会在进步，说明人群整体产生的智慧在增加。但实际上，智慧是一个比通常人们所理解的聪明境界更高的思维能力。因为，聪明更多地反映的是人对事物确定性识别的能力，而智慧更多地反映的是人对事物确定性背后的不确定性，以及如何从不确定性中探寻确定性的能力。对这种区别，作者将在《小聪明，大智慧》一书中，通过大量的例子加以较为详细的说明。

总之，对一个社会而言，它的未来治理的好坏，从根本上可以说取决于这个社会整体的智慧水平。

第二章 你说、他说、我说

第一节 专制与民主之辩

专制还是民主？对愤青们来说是一个爆点话题，一谈就爆，彼此似乎没有丝毫的讨论余地。

左愤认为：中国共产党的领导就是最适合中国国情的治理模式。主要论点是：社会稳定、政策执行力强、经济运行高效、人民安居乐业，经四十年的改革开放国力大幅提升，实现两个一百年目标大有希望。

右愤则认为：共产党实行专制，将党的利益置于国家和人民利益之上，造成越来越严重的腐败，甚至已经达到了无官不贪的程度，导致社会财富分配的严重不平等。这种专制制度还将国家军队视为自己的私家军队，玩弄法律于鼓掌之中，宪法只是一个可以随意摆弄的工具。它还不顾人民的基本权利，限制人的思想和言论自由。要彻底改变这种局面，宪政民主是唯一出路。

"阶级斗争一抓就灵"、"斗私批修"、"狠斗私字一闪念"、"宁要社会主义的草，不要资本主义的苗"、"工人阶级领导一切"、"彻底的唯物主义者是无所畏惧的"、"工业学大庆、农业学大寨"……这些改革开放前妇孺皆知的响亮口号，对改革开放后出生的年轻人可能很陌生，当你向他们解释这些口号的含义时，他们的第一反应可能就是感到极其不理解，这么荒诞的口号，即便是在那样一种环境下，怎么全国人民会一起喊、一起相信、一起去实践呢？但作为一个亲身经历了这一切的人来说，不解的是另一种现象。虽然这种种荒诞已经过去了四十多年，个人的记忆多少都会模糊了，但四十年对人类历史长河来说只是一瞬间，那些发生在四十年前的一幕幕，在当代信息技术条件下，文字记载甚至影像的记录都足够清晰，何况人证物证很多还在，特别是当今社会的所谓精英分子、顶层政治领导人也大都和作者一样是亲身经历和参与者，这么大的一个"伤痛"他们会忘得一干二净？现在的年轻人吃惊的是那些事怎么可能会发生，难道那时的人都是傻子？而让作者吃惊的是，那些事情在今天怎么会换了个方式又卷土重来，难道我们这些经历者就这么不长记性？而且，对那些认为前辈愚昧的年轻人，他们怎么会同样愚昧地接受这种愚昧呢？

在相当一段时间里，作者以为是国内一直以来采取的意识形态封闭措施导致相关议题的讨论不能充分展开，使得相关理论问题没有争辩清楚，才造成了这种现象。但随着自己研究的深入，作者发现，其实在西方学界，这个看似是非界限鲜明的理论问题也从来就没有争论清楚过。例如就在前不久，2019年4月21日，在加拿大多伦多的索尼表演艺术中心刚举行了一场所谓的"世纪之辩"，代表马克思主义阵营的斯拉沃伊·齐泽克（Slavoj Zizek）与代表资本主义阵营的乔丹·彼得森（Jordan Peterson）以"资本主义或马克思主义能否带来幸福"为题展开了一场公开辩论，结果仍然是不了了之。

现在当然作者已经认识到，在现代主义体系内这本来就是一个不可辨明的话题，也不可能产生简单的谁胜谁败的最终结论。这就好比两个人，一个人喜欢红色，一个人喜欢绿色。两人就红色好还是绿色好展开的辩论，且不说理性上不管是红色还是绿色都是由包括对手方颜色的其他颜色组成的，单就人的感官能够识别的红色和绿色本身也存在无数的色调上的差异，不同的人感受是不同的，而且这种感受本身也是模糊的，你无法提供一个红色或绿色的绝对标准来供参照，你也无法提出那些细微的色调上的差异所对应的感受差异。也就是说，不管是红方还是绿方，自己都无法就什么是真正的红，什么是真正的绿讲清楚。再进一步从理性上说，当红强调自己的喜好时，其实也在或多或少地强调绿色的作用，反之亦然。可想而知，这类追求绝对是非的辩论是不能辩得清楚的。就像前面提到的齐泽克与彼得森的辩论，它之所以不了了之，是因为他们最终发现所谓幸福是一个不能绝对界定的概念，不管是资本主义还是马克思主义都可以产生一定的幸福感，但同时又不能必然地产生幸福。它们在给部分人带来幸福感的同时也都会给另外一些人带来不幸福感。

下面我们就以"专制与民主，哪种制度更好"为题，展开我们的讨论，目的是告诉读者，这类辩论是不会有简单的唯一正确的选择的，辩论双方要进行真正有意义的理性对话，就必须转变他们的世界观，然后在辩论中寻求能够兼顾各自理性的所谓折中方案，从而达到和谐相处的目的。

首先，专制和民主都不是一个纯色概念。作者在《社会系统学的基本原理》一书中首次引入他组织与自组织概念来解析专制和民主的谱结构。在这里作者要做个声明，在作者之前的旧系统学或者说是承认绝对真理语境下的系统学也提出过相似概念，但旧系统学里的他组织和自组织与作者在这里谈到的相应概念是有本质区别的，关于这个问题作者将在《大科学体系》一书中详细讨论，这里就不再赘述了。具体地说他组织指，在社会系统中由他人来实施社会系统的组织，这个他人是除了你自己以外的所有其他的人，既包括总统、部长，也包括你的父母、妻子、朋友；而自组织指，你自己实际参与社会系统的组织，这里实际参与指不管你是作为总统、部长，还是作为父母、丈夫或老板、员工的身份，在社会实践中对其他人产生的组织作用。显然，他组织和自组织都不是绝对概念：1、对你来说的他组织，对他来说可能是自组织；2、你不可能只组织他人，而不被他人所组织；3、任何一个人在组织他人的时候，也同时在组织自己。

在引入他组织和自组织概念后，我们通常所说的专制和民主可以表述为：专制是他组织程度高的社会体制，相反民主是自组织程度高的社会体制。也就是说，所谓的专制并不是一个与民主截然相对的概念，它只是相对民主而言，他组织程度更高而自组织程度更低而已。我们不能简单地说，专制不民主，或者反过来说民主不专制。为什么专制表现为他组织的程度高呢？因为，专制的主要特征是某人或某些人在社会系统的组织过程中起着更大的组织作用，甚至在一些社会重要的组织议题上一言九鼎，此时所有其他人的作用被极大地弱化了。显然这种情况会大幅提升他组织在社会系统组织中的比重。

因此，在我们看来左愤与右愤互怼的实质并不是专制和民主谁更好的问题，而是专制和民主的程度问题，即专制或民主对一个社会系统而言，应该各自占有多大比重的问题，是一个度和分寸的问题。而回答这样的问题，显然要比简单地回答谁好谁不好更有弹性，也更有商量的余地，双方是完全可以对话的。只要能进行有效的对话，大家就有可能在对话的基础上产生某种程度的妥协，并进而在妥协的基础上共商社会系统改革的目标。

从上面的讨论可以看出，用谱的方法看待事物，实际上与不承认绝对真理世界观是等价的关系。因此，一个持不承认绝对真理世界观的人在与承认绝对真理世界观的人进行辩论时，他不用把着重点首先放在改变对方的世界观上，因为那通常很难。相反他只要具体指出同一个概念的不同表现形式，引导对方用谱的方法去看待这个概念，那么他就可以较为容易地让对方部分地接受自己的观点，当然此时他也应当表示能够接受对方观点的合理之处，然后，再在此基础上寻求共同的理性。显然，后者的做法要智慧得多。

我们追求理性对话的目的当然不是为了仅仅维持朋友间的一团和气，而是为了实现社会系统组织的合理化，缓解社会问题。还是回到专制与民主这个话题上。右愤认为，民主虽然不一定能保证选出最好的治理者，但却可以有效地防止坏皇帝的独裁，避免这种最坏的情况发生。而左愤则认为，中国目前最需要的恰恰是好皇帝，而不是民主。即便不是最好的皇帝，不太坏的皇帝也是可以接受的，起码可以保持社会秩序的基本稳定，对中国这样一个大国来说稳定才是第一位的。而且当前中国自身的体制可以有效地防止坏皇帝的出现，即便皇帝有些坏，也难以往更坏的方向发展，毕竟改革开放已经四十多年了，一手已经难以遮天了。上面这段左愤与右愤的对话是一个大致真实的场景，发生在作者的两个朋友之间，而且双方事先都是为了能谈下去而下了保证的。这段只是开头，接下来火药味就渐浓了，因为对话开始涉及到基本概念的定义，如什么是皇帝、什么是真正的选举、什么是秩序等等，但没有一个定义是双方都能接受的，因此很快就谈崩了。

其实左愤与右愤之间是存在很多共识的，以上段对话为例，左愤和右愤都认为坏皇帝是需要避免的，分歧主要表现在什么是坏皇帝的定义上、如何防止坏皇帝产生的措施上以及民主是不是一定就比专制更好的问题上。右愤认为：中国当前的强意识形态统治就是"坏皇帝"；而左愤认为：你们将所谓的民主宪政视为就是对的选择，不顾一个国家的具体条件，难道不也是一种强意识形态吗？把国家搞乱对我们谁都不利，只对西方政客有利。既然，左愤与右愤有共识，那为何不将对话聚焦在共识点上，通过缩小分歧扩大共识，产生双方都能接受的成果呢？当然是黑格尔的辩证法思维在作祟，他们都认为辩论的目的不是为了求得妥协，而是为了追求真理。

当我们用谱方法来看待这场争论时，你会发现智慧以及未来的解决方案其实就隐藏在其中。

用色谱方法关注专制和民主问题，我们不会简单地用谁好谁坏来简单地下结论，因为我们知道这必然是一个谁也不可能绝对好，谁也不可能绝对坏的问题。我们会将关注的焦点放在对一个具体的社会体系而言，专制有什么优点和缺点，民主又有什么优点和缺点，而且不管是专制还是民主的优缺点都是相对于该社会系统的条件来说的，不可能是不顾具体条件的绝对优点和缺点。那么就中国当前改革的具体事例来说，鉴于中国的社会治理长期处于偏重于人的社会依赖本能进行调整的历史特征，即长期以来习惯用专制手段进行社会治理。虽然在此氛围下也孕育出了一些产生好皇帝的措施和社会背景文化，但并不能保证不产生坏皇帝，更不能保证皇帝实施的政策都源于民意，为民生服务。这样一个特征的优点是，一旦出现了好皇帝和好政策，社会稳定，国家就可以快速提升国力，实现国泰民安，出现所谓的盛世。缺点是，一旦不幸地出现了坏皇帝和坏政策，则社会很容易出现大的动乱，甚至需要将整个社会体制推倒重建。也就是说，这种制度的可持续性不够好。其主要问题在于，广大民众的自组织能力不足。或者说他们习惯了在政治领域被组织，而不是主动参与组织。当然这种社会的文化氛围本身也限制，甚至禁止这种参与。其结果是当广大民众忍受不了坏皇帝或坏政策时，他们会在忍无可忍的情况下以一种爆发的方式将其推翻，让新皇帝来统治。在这种周而复始的演绎过程中，新旧朝代的更替期间往往是中华文明发展最为脆弱和危险的时期，大都会伴随山河破碎，外敌乘虚而入的情景。尽管中华文化有迅速愈合伤口的功效，但我们也不得不承认，中华文明能够传承至今是多少带有幸运的成分的。通过上面的分析，我们不难发现，过度依赖专制，缺少自组织能力不仅是当前我们社会面临的主要问题，而且是中华文明本身就长期存在的缺陷，的确是需要进行变革的首要问题。对此，除了少部分绝对意识派，即把马克思主义视为绝对真理的人，相当一部分左愤也都是有所意识的，他们与右愤的分歧主要表现在，对上述问题该怎么治疗上，即该服用什么药、采取什么手段才对症的问题。

在用什么药的问题上，左愤的观点可能更合理，即不能照搬西方的体制，特别是不能采取突变的方式照搬西方的体制，因为我们的人民几乎没有直接参与政治治理的经验，更缺少这种能力，他们很容易被那些标榜自己是唯一正确选择的政客所左右，从而导致社会原本存在的裂痕被迅速扩大，最终致使社会陷入极度的混乱状态，然后不得不再次期盼某位权威人物出来解困，重新回到专制体制。这可能还是好的结果，因为届时的大乱并不能保证有大治的结果，大乱过程中随着各种外部势力的介入最终导致国家的分裂，人民重新回到水深火热的悲惨状态，这种情况不是不可能发生的。从这个意义上说，过于激烈的改制效益和风险可能很不成比例。当然，右愤的一个观点也是应当引起我们充分警惕的，即当前实行意识形态专制的执政党会出于自身利益，不顾社会进步的实际需要，变本加厉地强化意识形态控制，使得民主的基础被进一步弱化，这意味着你们所担心的突变风险只会越来越大，因此长痛不如短痛才是减小变革社会风险的不得已的选择。的确，这种情况我们不能排除，而且当前已经出现了一些苗头，关于这个问题我们将放在下节中展开讨论。

医治社会系统的病与医治人的病有相通之处，急性病急医，慢性病慢医，否则治病也可能会治死人的。但目前中国社会得的却是一种非常难医的怪病，我们称之为既极度紧急又极度慢性的病。

说急是指，留给我们的时间和空间越来越小了。我们面对的是一场涉及社会系统整体架构的改革，这场改革一方面需要一个长期稳定的社会环境，另一方面还需要不断地进行大胆的新的体制尝试，显然这是一个需要大量时间进行试错、评估、总结经验、推广操作的系统工程。但是根据作者在《社会系统学的基本原理》一书中提出的支付定律：对于任何一个社会系统的治理者而言，它能够维护该系统稳定的前提条件是，它能够支付给被治理者的利益大于被治理者愿意接受其治理而付出的代价。用通俗的话说就是，被统治者虽然对统治者有种种不满，但是由于统治者在其统治期间，能够给被统治者带来与不满相比更多的现实利益，那么在被统治者眼里，统治者就是合法的，且社会系统也大致可以保持稳定。根据中国社会的现状，按照作者的估计，在保证社会的充分就业、养老、社会福利、教育和医疗质量有保障的前提下，要维持老百姓生活水平持续提高，中国的GDP增长率起码应保持在3%-4%以上的水平，才能满足支付定律。我们现在的增长率大约为6%-6.5%，也就是说还有3%左右的空间。虽然，支付定律只是一个模糊的规律性的定律，我们也无法具体地计算出与之相关的时间。但我们可以大致地进行判断，据此我们给出三种预测：1、悲观预测。GDP增速每五年降低一个百分点，则我们还有约十五年的稳定时间；2、中性预测。GDP增速每十年降低一个百分点，则我们还有约三十年的稳定时间；3、乐观预测。GDP每十五年降低一个百分点，则我们还有四十五年社会稳定的时间。由上述预测可以看出，即便按照最乐观的估计，我们也只有四十五年左右的时间可以用于在稳定的环境下进行社会制度的重大改革。足可见时间的紧迫。

说我们的社会得的又是一种慢性病是指，中国老百姓缺乏自组织能力是几千年养成或者说被惯出来的毛病。如作者在《说东道西》一书所指出的，我们自古至今的社会制度基本上都是围绕人的社会依赖本能来设计的，民众习惯于管理好自己的家，或者说擅长于在家这个层次上进行自组织。民众很不习惯，当然在制度上也从来没有这样的设计，直接参与社会上层的组织实践。这也是中华文明本身一直携带着的重大缺陷，是一种历经数千年不良习惯造成的慢性病。因此要显著地改变这种局面绝非朝夕之功。

用几十年的时间，改变几千年养成的毛病，可见我们面临任务的艰巨性。一定会有读者认为，作者在夸大其辞，把困难看得太大了，自己吓唬自己。作者也并不排除这样的可能性，即我们过于悲观了。但作者还是想强调，任何过于乐观的认识，有更大的可能会加剧未来改革实践的难度而不是相反。现实似乎也正在印证作者的观点，我们当前在意识形态领域的一些做法不仅没有朝着有利于治病的方向努力，反而在继续加重病状。

对于如此严峻的形势，我们又能够做些什么呢？左愤和右愤首先要做的一件事，就是转变世界观，化解对立，减少内耗。并在此基础上，广做启发民智的工作。其实不管左愤还是右愤都是我们社会中相对更关注政治体制改革的人群，某种程度上也可以说是我们社会的精英群体。只有他们先转变了，我们的社会才有更大的可能发生更为积极的转变，民智也更有希望被唤醒，同时那些极端的思想意识才更难以孳生。只要我们不断地用智慧去激发新的智慧，中国的改革开放就大有希望。

第二节 中国共产党历史定位之辩

　　打开《毛泽东选集》第一卷，你读到的第一篇文章《中国社会各阶级的分析》的第一句话是：谁是我们的敌人？谁是我们的朋友？这个问题是革命的首要问题。整部毛选以这句话作为开篇之句，不知是编撰者有意的安排，还是无意的巧合？但不管是哪种原因，肯定是得到其主要作者毛泽东首肯的。当以毛泽东为主要代表的第一代中国共产党领导人选择了马克思主义作为中国社会问题的解决方案后，就注定了中国共产党将以阶级斗争为主要思路，以无产阶级暴力革命的方式推翻旧的政治体制，建立新的符合科学社会主义理论的政治体制。而要实现这一目标，分清敌我就自然就成为革命的首要问题了。

　　显然，毛泽东在敌我划分上并没有遵从马克思主义的教条，因为马克思主义革命理论主要是针对资本主义革命完成后，已进入工业化的社会提出的，敌我阵营是按资产阶级和产业无产阶级来划分的。而当时中国的资本主义革命尚未完成，更谈不上进入工业化，产业工人的总数也不过百万数量级，如按马克思主义的教条进行划分，敌我阵营的实力不成比例，革命是难以成功的。因此包括前苏联在内的很多马克思主义理论家是不大认可当时中国共产党领导的革命的，认为在这个阶段进行无产阶级革命的条件不成熟，甚至违反了马克思历史唯物主义的基本教条。幸好以毛泽东为代表的中共一大批土生土长的领导人，虽然信仰马克思主义，但从严格意义上说不能算是按照马克思主义教义进行思维的马克思主义者，作者甚至怀疑毛泽东在当时的条件下是否有条件系统地研究马克思主义理论体系，因此作者以为他们只能算是具有现代主义思想意识的农民运动领导者。正是因为如此，他们才敢对马克思主义采取比修正主义还修正主义的方针路线，并与以李立三、王明为代表的正统马克思主义者进行了数次大的所谓路线斗争。在中国革命期间，毛泽东明确指出的敌人是"三座大山"，即帝国主义、封建主义和官僚资本主义。反帝有利于调动包括民族资产阶级在内的绝大多数人；反封建主义主要指地主阶级，有利于调动占人口多数的贫下中农直接参加革命；反官僚资本主义，有利于将中国共产党领导的革命与国民党领导的革命加以区分，增强中国共产党领导革命的合法性。在不同的发展阶段，中国共产党还随机应变地利用不同的统一战线方针，合纵连横以进一步缩小重点打击面，扩大朋友圈。现在回过头来看，中国共产党当时的策略是成功的，起码从中国共产党角度看如此。因为，任何一场革命的成功与否，从某种意义上说也是广大民众选举的结果，只不过革命是更为血腥的选举方式罢了。

对于中国共产党建国前的历史定位，除了少数更极端的人，左愤和右愤的争议并不是很大，或者说大家都认同那个旧制度是应该被推翻的，至于最终是由谁来推翻就是一个成王败寇的历史事实，再回过头去争论意义也不大，至于从总结的角度怎么去描述这个事实，完全可以交由历史学家去做，人们更关心的是未来的发展。

中共建国后的历史可以1978年改革开放为标志划分为鲜明的两个阶段：第一个阶段为教科书式的马克思主义实践阶段；第二个阶段为尝试摆脱马克思主义的束缚，走自主创新之路的阶段，即我们所称的改革开放阶段。对在这两个阶段发生的历史事件，左愤和右愤各自按照自己的评价标准进行评判。左愤的标准是，该事件是否有利于维护中国共产党的专制地位，能否证明中共的合法性；右愤的标准则相反。相比之下，显然对第一个阶段双方的争议要大得多，由早期的对个别事件的争议如三反五反、社会主义改造、总路线大跃进、反右，到文化大革命争议的激烈程度达到了顶点。把文化大革命视为错误，左愤与右愤似乎有共识，区别在于左愤仅仅承认是毛泽东好心办了坏事，想将这个严重错误进行止损。而右愤则认为文化大革命的错误是马克思主义的错误，是无产阶级专政的错误，是根本性的错误。但这个看似逃不过去的，甚至面临最后摊牌的重大话题，被邓小平"机智"地用改革开放的果断措施化解了，备受文化大革命之苦的广大老百姓，在他们还未将一肚子苦水爆发出来之前，很快就有了苦尽甘来的感觉，原本对共产党的怨，甚至恨，则随着生活水平的不断提高逐渐消解了。当然，右愤对这点是相当不满的。他们认为对文化大革命这样严重的错误，不经好好的总结就草草地翻过去，是共产党将自己的私利置于国家和人民利益之上的典型表现，使社会治理架构失去了一次进行彻底改革的良机。

对于改革开放这个阶段，左愤与右愤的争议聚焦在改革的目标上。左愤认为这只是一个体制内的不断自我完善过程，改革开放的成功证明了这个体制的优越性，而不是对它的否定。右愤则认为，改革开放的实践恰恰证明了马克思主义是意识形态的一个错误，并由此证明了共产党专制本身不具有必然的合法性。因此，摈弃马克思主义理论，由专制走向宪政民主才应当是改革开放的最终目标。

现在谈中国共产党的历史定位为时尚早，因为中国共产党还没有走完它的历史。至于将来这个历史是被彪炳史册，还是寥寥数笔带过，也许只有后人才能评述。但如何被书写的主动权，无疑还是掌握在今人的手中，既包括体制内的人，也包括体制外的人。

对于中国共产党此前的历史，作者以为是功大于过。可以理解，右愤是不会满意作者观点的。别着急，我们还是先回到"谁是我们的敌人，谁是我们的朋友"这个话题上。

怎么定义敌人？按照人们通常的理解，与自身利益严重对立的人或事是我们的敌人。例如：外敌入侵，危害我们的生命、抢夺我们的财物、侵占我们的国土，入侵者当然是我们的敌人；一种社会制度压迫老百姓，使他们不能为提高自己的生水平正常生活，则这种社会制度是我们的敌人。右愤会立刻接作者的话茬说，那中共的专制政权压制民众自由表达的权利不正是我们的敌人吗？是的，没有一种制度是完美的。按照支付定律，中共的现行体制对于那些更看重自由表达利益的人群来说，的确是不合法的，但是这个政权对大多数更看重自身的生活水平是否切实得到提高的人来说是合法的。所以，在右愤看来这个政权是敌人，而对大多数老百姓来说这个政权是朋友。右愤是少数，普通老百姓是多数，因此作者才说中共的功大于过。

从之前的讨论可以看出，以利益冲突的程度来定义人或事敌意的程度，是相对而言的。也就是说在很多情况下，所谓的敌人是可以被转化为朋友的。在这个意义上，我们可以将本杰明·迪斯雷利的话改为：没有永恒的敌人，只有永恒的利益。这句话对敌对的人，对敌对的事都是成立的。也就是说，我们可以运用智慧将敌人化解为朋友，或将不友善的制度转化为友善的制度。

除了上述以直接的利益冲突划分敌友的情况，现实中还有另一种敌友的划分，它是以对事物认识态度的对立程度作为依据进行划分的。例如，对待中共专制体制，左愤们互为朋友，而将右愤视为敌人。左愤和右愤在现实生活中可能并没有直接的利益冲突，但在对待某一件事情的态度上却水火不容。虽然，这种意识形态冲突的背后都有利益的成分，但这种利益上的关联性往往并不直接体现在冲突者身上。例如，我们前面举过的例子，中共早期的农民运动领导者彭湃，他出身于地主阶级家庭，却站在地主阶级利益的对立面，将地主阶级视为敌人。这种人并不是不考虑自身利益，而是更多从社会整体的利益考虑问题，将自身的利益融入到整体利益中考虑。左愤和右愤中的很多人也属于这类人。这个群体的人或多或少都有些英雄和救世情节，具有范仲淹笔下的"先下之忧而忧，后天下之乐而乐"特征，最重要的是他们的意识形态色彩比常人要明显。对这些先考虑社会的整体利益，后考虑个人的个体利益，具有奉献精神的人，普通大众通常是敬仰的。但越是这样的好人，有时却越可能办坏事。这主要是因为他们的意识形态可能是错的。特别当他们秉持的是绝对真理世界观时，错误还可能很严重。

中国共产党的第一代领导群体中的大多数可以说就是这样的一批人。首先，他们投入中国革命的目的是为了谋求中国人民的整体利益，个人利益是在其次的。因此，这个群体不仅不是我们利益上的敌人，而且是不管左愤还是右愤都应该尊敬的人。我们可以怀疑他们的意识形态，但不应怀疑他们的人格。注意作者只承认中国共产党第一代领导人是这样的人，并不包括建国后接班的后代领导人，因为我们无法判断这些人究竟是受权力的诱惑还是像他们的前辈一样为中国人民的整体利益而加入这个团体的。当然对于中共第一代领导人在意识形态问题上所犯的错误，我们不应当妥协，但对犯这种错误的责任我们应当共同承担，因为我们大家都是思想者，对于思想的错误我们不能识别它，还追随过它，信仰过它，难道我们没有过错吗？

在敌人和朋友问题上，意识形态的错误通常会表现在如下几个方面：1、将可以转化的利益敌人视为绝对的敌人。如将阶级斗争绝对化以后，将地主视为绝对的敌人，即便在他们的土地被剥夺后，仍然将他们视为敌人，因为他们曾经存在过的土地决定了他们的意识，甚至他们的子女也是应当怀疑的对象，因为这些子女生活在问题家庭决定了他们的意识。2、将不是利益敌人的人视为敌人，如改革开放前有一种对敌人种类简单明了的提法，叫"地富反坏右"。其中"反"指反革命，"右"指右派。所谓的"反"和"右"主要指那些对中共不当做法敢于提出批评的人，而且就当时情况而言，这些批评大都对中国共产党是善意的，希望中共能够改进治理，而不是反对中共的统治。但即便这样也被视为敌人，因为在强意识形态专制下，这意味着对"真理"的否定。在那种氛围里，甚至知识分子整体都被认为是"臭"的，因为他们有更强的独立思考能力，难以被简单地进行教化。3、在社会治理实践中排斥虽不符合自身意识形态，但却有利于社会进步的合理选择，甚至把这类选择视为敌人，随时将之消灭于萌芽之中。例如，我们前面提到的"资本主义的苗与社会主义草"的例子。

如果说，社会系统治理的任务可以归结为减少社会系统中自私的程度即熵，并将熵定义为社会系统的敌人，那么我们今天给中国共产党过去的历史定位也应当根据它在这段历史中减熵的作用来判断。熵概念可能有些抽象，我们可以借助敌友的概念帮助分析。

当前中国共产党对社会增熵的危害非常典型地表现在这样一句话上：坚持党对一切工作的绝对领导。请读者特别注意，这句话强调的是对"一切工作""绝对"的领导，可以说当前我们社会的所有主要问题都与这句话有直接和间接的关系，当然从另一个角度说我们社会所有主要的成绩也都与这句话有一定的相关性。因此，这句话也可以说是左愤与右愤争论的最大焦点。

首先，这句话可以成立的前提是，马克思主义是绝对真理。因此，按照如下逻辑这句话似乎是成立的，因为中国共产党绝对地信仰马克思主义，故它应当绝对地领导一切工作。否则这句话绝对不成立。但在实践中，这句话是被绝对地证伪的，以腐败问题为例，如果中国共产党的绝对领导是对的，那么腐败就应当绝对不发生，显然这是不成立的。左愤此时一定在愤，你好恶毒呀，想把共产党的领导彻底否定！作者要说，是你们自己恶毒，因为如果马克思主义是绝对真理，那么共产党的领导本身就是绝对的多余，不仅如此任何对马克思主义的表述都是绝对的错误，道理很简单，如我们在上一章分析的，绝对只能产生自己，不能产生其他！因此，党对一切工作的绝对领导这句话才是对党的实际领导的彻底否定。这里的逻辑是，只要你在实践出现任何问题，都证明了党的领导是绝对错误的，因为绝对真理是不可能犯错的。反过来说，正因为马克思主义不是绝对真理，才给了中国共产党在实践中展示领导能力和探索"中国特色社会主义"新模式的机会。试想如果马克思主义是绝对真理，你还有探索新模式的机会吗？

即便站在党的领导角度说，强调党的绝对领导这类话产生的害也是远远大于利的。它直接导致几乎所有重大领域的改革无法深入进行，因为一旦这样的改革进入所谓的深水区，就必然涉及到诸如：人民利益大还是党的利益大、国家利益大还是党的利益大、法大还是党的领导权大等等"带有根本性"的问题。其实所有这类问题说到底就是一个用短视眼光还是用长视眼光看待党的领导问题，是一个智不智慧的问题，即还是那个能否做到智慧的利己的问题。以法制建设为例，如果将党的各层领导人置于国家整体法制体系下进行监督，相当于调动广大社会力量帮助你健康党的组织体系，监督党的领导干部，特别是主要领导干部，使其不腐败，不做不利于国家和人民的事情，也就等于帮助增强党的领导能力，并使这种能力可持续保持。反过来，如果你强调党的领导，将领导人的权力置于法律之上，其实等于将所有因法制不健全产生的问题都直接归因于党的领导，不仅危害党的领导权威，还助长权力的腐败。只有当你敢于将自己置于比普通老百姓更加严格的法律环境下进行监督，置于广大人民群众共同监督下，你所倡导的法制才可能是真正意义上的法制，这样的法制也才有权威性，社会的法律意识才能够得到普遍的提高，进而你领导法制的积极作为也才能彰显出来。现实就是这么残酷，只有你做得比任何他人更好，你才有资格谈领导。

因此我们说马克思主义不仅对未来的社会治理极具危害性，是增熵的主要根源，而且对中国共产党自身来说也是一个难以承受的包袱。卸下这个包袱不仅对中国未来的改革进程是必须的，对中国共产党继续发挥重要作用也是有益的。否则，中国共产党在未来历史中的定位只能是一个不光彩的结果。

但大多数右愤坚定地认为，让共产党放弃马克思主义是不可能的，理由有二：1、中国共产党放弃马克思主义意味着自掘坟墓，失去专制的合法性，整个政党也会因此失去凝聚力，土崩瓦解；2、在掌握政权及其后数十年执政过程中，中国共产党内已经形成了一个庞大的利益集团，如果失去执政的合法性，就意味着自身利益的丧失，因此这个利益集团会拼死维护马克思主义这个最堂而皇之的招牌。客观地说，右愤的观点是有相当道理的，而执政党的某些做法也印证了这种说法。例如，近来出现的马克思主义原教旨回潮现象，体制内的部分"学者"再提公有制经济的优点，主张民企全面退出。经过四十年改革开放后，马克思再次被捧上了史无前例的高度等等。

作者并不否认右愤观点的可能性，也认为要中国共产党放弃马克思主义理论的确是一件非常非常难的事情。但可能性不等于必然性，劝中国共产党放弃马克思主义起码从现在看似乎希望渺茫，但并不是不可能。1、任何一个政党或政府执政的合法性最终都要落实到它能否不断推动社会进步，不断地提升国民的生活水平，与它的意识形态没有必然的联系。其实中国共产党在改革开放后的实践早已背离了马克思主义理论，事实上已经在卸下马克思主义的包袱。根据支付定律，随着合法性"临界点"逐渐逼近的压力，中国共产党主动放弃马克思主义的可能性应当越来越大。因为摆脱马克思主义的束缚可以极大地调动社会的积极性，为改革的深化注入持续不断的动力，对维护党的领导地位利远大于不弊。2、即便对于党内的利益集团而言，它们的利益实质上是与党的领导地位直接捆绑的，而不是同马克思主义直接捆绑的，如果放弃马克思主义对党的领导地位更有帮助，当然对这些利益集团也有帮助。这些利益集团真正担心的是右愤所期望的局面，即马上实行宪政民主体制，这意味着有很大的可能中国共产党将失去领导地位，皮之不存毛将焉附。虽然放弃马克思主义后，似乎中国共产党在理论上少了点权威性，但实际上理论的操作空间更大了，你只要随便换一个不那么绝对的理论都比马克思主义理论要强，更有说服力，最关键的是更有利于激发党内和社会的智慧。

当然，这取决于中国共产党的领导层更看重眼前利益还是更看重长远利益，是不是对自己的这个群体真的有信心。虽然我们作为体制外的人士并不能替执政党决策，但我们可以影响这个决策。其实，作者与右愤担心的关键点是不一样的。作者的担心是，我们怎么能更好地向普通大众说明马克思主义的问题所在。而要做到这点必须用不承认绝对真理世界观，跳出现代主义的局限。如果同在现代主义体系内，像右愤现在所做的那样，马克思主义是不可能受到真正有力的批判的。大家可能没有意识到，人类历史上最大规模的战争其实不是第一次和第二次世界大战，不管是从直接和间接死亡人数上，还是从涉及的人口和国家数量上，人类历史上爆发的最大规模的战争是二战以后发生的冷战，所谓冷战的核心就是东西方两大阵营之间关于社会治理理论的战争。要知道即便在冷战时期，敌对双方花费了巨大人力物力进行了长时间的理论斗争，也没有谁能够说自己战胜了对方。也许右愤会说，冷战实际上以前社会主义阵营的解体宣告了马克思主义的失败。是的，前社会主义阵营的解体的确说明了科学社会主义的实践是不成功的。但这种尝试的不成功并不等于对马克思主义理论的彻底胜利，因为资本主义和宪政民主从某种意义上说有更多的不成功事例。甚至就在几年前的2016年美国民主党总统提名战中与希拉里交锋的桑德斯仍然在用马克思主义理论作为自己观点的论据，并在选民特别是年轻男性白人选民中获得了相当高的支持度，而桑德斯的对手希拉里也并不能指出马克思主义关键错在那里。出现这种现象的原因是，双方的世界观和方法论大同小异。这种状况其实也表现在右愤们的身上，他们虽然极端地不喜欢，甚至仇恨马克思主义，但他们并不能指出马克思主义问题的根源，因为从根子上说他们自己也是另类的马克思主义者，就像弗朗西斯·福山一样。换句话说，马克思主义具有如此"顽强的生命力"不仅得益于信仰者不懈的拥趸，同时也得益于右愤对自由主义的笃信，得益于右愤盲目地认定西方现体制就是历史的终结这样的结论。因为只要能够指出资本主义制度的显著缺陷，指出资本主义不是人类社会的终结，那就等于在说马克思主义还有机会。

基于以上讨论，我们是不是可以看到这样一种很大的可能性，当不承认绝对真理世界观逐渐成为我们认知体系的主流，马克思主义等各种主义也自然难以生存。在那样的环境里，人们是不是很难想象，有人会蠢到用什么绝对的主义来为自己的合法性进行辩护？其实这才是作者强调左愤与右愤进行理性对话的真实用意。当我们有朝一日可以从容地坐下来就社会治理的重大问题进行充分的交流时，主义就不再是横亘在我们面前不可逾越的障碍，任何重大社会问题都可以通过运用智慧加以缓解。

持不承认绝对真理世界观的群体今天还很弱小，在人群中的占比可能微乎其微，对于能否将马克思主义从思想的"神龛"上请下来这件事，我们既面对现实，也心怀希望。说面对现实指，我们并不奢望一定能成功，因为力量的对比实在是太悬殊了，但做点什么总比什么都不做要好，通过自己的努力，向尽可能多的人传播不承认绝对真理的世界观，对未来的社会治理一定是有帮助的，尽管理想实现之日我们可能已经早就不在了；说心怀希望指，作者几乎每天都能看到经过自己的努力，有更多的人明白了马克思主义的错误，明白了绝对真理世界观的危害。最为关键的是，作者这样去努力的同时自己是首先的受益者，因为作者可以从中享受到用新视野探寻世界规律的乐趣。既利己又利社会，何乐不为呢？

第三节 英雄和偶像作用之辩

在中国有一个特殊的日子叫"学雷锋日"，它是每年的3月5号。选择这一天是因为，1963年3月5日《人民日报》和《解放军报》同时发表了同年2月毛泽东为《中国青年》杂志宣传雷锋事迹所写的题词"向雷锋同志学习"。

现在的年轻人对雷锋的认知度已经远远没有我们60岁上下年纪的人高了，我们当年几乎人人都有，唱着"学习雷锋好榜样"的歌曲，举着"学习雷锋"、"为人民服务"红旗，参加学习雷锋小组活动的经历。什么上街义务修鞋、修自行车、理发、搀扶过街老人；打扫卫生、卖菜、送货、拣废钢铁等等，几乎什么公共服务工作都干过。《雷锋日记》更是读得滚瓜烂熟，甚至成为大家写作文的一种范本。那时几乎人人争当"学雷锋标兵"，以学雷锋为荣，不学雷锋为耻。如果有人对学雷锋活动有不当言论，注意只是不当言论，马上就会遭至大家的严厉批判，甚至还会被上纲上线为对领袖的不尊敬，这在当时可算是近乎要"入刑"的大罪状了。为了写出比其他同学更能感动人的事迹，不少的人不得不编故事，而且简单地编已经难以超越别人的故事，还要充分发挥想象力去编，只有编出更有献身精神，更具高尚品德的故事，才能体现出自己比别人更加革命的程度。而且还有获得在全班、甚至全校大会上进行宣讲的机会。特别地，如果能在这样的宣讲会上不仅自己一把鼻涕一把泪地讲述"自己的先进事迹"，还能把台下的许多听众也感动到一把鼻涕一把泪的程度，那才是真的本事，当事人会有一种得道成仙的感觉，"一个高尚的人，一个纯粹的人，一个脱离了低级趣味的人"，那种无比崇高的境界极其美好。

雷锋、愚公、张思德、白求恩；王进喜、陈永贵、贾凤莲、草原小姐妹；刘胡兰、董存瑞、黄继光、邱少云；江姐、李玉和、洪常青、老钟叔；……。各行各业许许多多的英雄人物，占据了社会政治生活、文化生活，甚至日常生活的各个领域，构成了那个时代的主旋律，成为了人们的精神支柱。

不知曾几何时，对这些源于真实，又高于真实的英雄人物，也成为了左愤与右愤互怼的对象。右愤不断"揭露"出一个个英雄人物不那么英雄的"内幕"，一时间各种关于英雄人物的"恶搞"桥段流行起来，甚至最高经典《毛泽东选集》也被指责为严重的"学术造假"。他们认为这些被刻意拔高的英雄人物不过是统治者为证明自己统治合法性的工具，是为了更好地奴役民众的精神"麻醉剂"。而左愤对这种恶意贬损英雄人物的做法则表现出极度的愤慨，指出这些人起着比我们的敌人更坏的作用，他们的作为将使我们的人民失去灵魂、丧失精神，更有人提出要将这些人绳之以法。

到底我们应该如何看待英雄这种现象呢？

人都具有社会依赖本能，都必须在社会中生活，依赖他人的存在而存在。基于这种本能，我们所有的人都希望自己生活的社会是友善的，是美的。如果我们将英雄理解为：宁可牺牲个人利益而为社会整体利益付出努力的人，那么我们大家基于本能会天然地具有程度不同的英雄情结，即希望自己的社会涌现更多的英雄，并从心里自发地尊敬这些英雄，感激这些英雄，当然也会在一定程度上效法和学习这些英雄。既然我们大家都有英雄情结，那为什么右愤会这么"恶毒"地诋毁英雄呢？关键在于不同的人出于自身的利益，出于对社会认识的不同，甚至出于不同的世界观，导致他们对英雄的判定标准不同。例如：如果一个人认为共产主义信仰是错的，共产主义会给社会带来灾难，那么他自然不会认为那些高唱国际歌慷慨就义的江姐们是英雄，不仅不会认同他们是英雄，还会认为他们傻，被欺骗了；当你是站在解放战争中的国民党一方时，也不会认为高举炸药包，手拉导火索，高呼"为了人民的解放，冲啊！"的董存瑞是英雄，而且不仅不会认为他是英雄，还会认为他是残忍共匪分子。道理很简单，他们认为这些"英雄"破坏了自己赖以生存的社会环境，而不是使之变好。

　　显然，左愤与右愤的分歧不在于社会需不需要英雄这个问题上，而在于英雄是属不属于自己的英雄这个问题上。这归根结底是个意识形态问题，即认为我们的社会该如何治理的问题。对社会治理认识上的不同色彩，决定了对英雄认识的不同色彩。再举两个更极端的例子。前不久在新西兰和斯里兰卡分别发生了两起严重的恐怖袭击事件。在新西兰发动恐怖袭击是白人极端分子，针对的是穆斯林；在斯里兰卡发动恐怖袭击的穆斯林极端分子，针对的主要是西方国家公民。两起袭击都造成了百人以上的无辜群众的伤亡。对这两起袭击的制造者，世界上绝大多数人都认为他们是恐怖分子，而不是英雄。但在一部分人眼里，他们无愧于英雄称号。特别要提到的是制造斯里兰卡自杀袭击的九人中，有两兄弟出身于当地一个经营香料生意的富商家庭，本来衣食无忧，却为了自己的理想，绑缚炸药与敌人同归于尽，其中一人的妻子更是在面对抓捕时引爆了炸药，宁可自杀也不愿被捕。如果不考虑意识形态，单就其行为本身评判，又有那点不像我们之前提到的那些英雄呢？下面这个例子，作者曾在《牛顿的苹果与牛顿的错误》一书中使用过，就是柬埔寨共产党前领导人波尔布特的例子。波尔布特也出身于柬埔寨的一个富裕家庭，作为柬埔寨当年仅有的5位考取赴欧留学名额中的一人，他胸怀理想，立志改变柬埔寨的落后面貌。在选择了共产主义道路后，他实地考察了当时包括中国之内的几乎所有的社会主义国家，总结了大量经验。随后他义无反顾地投入到了柬埔寨的革命事业，最终领导红色高棉夺取了柬埔寨政权。在这之后，波尔布特为了及早地实现共产主义理想，选择了一条激进的，他认为更符合马克思主义原教旨的路线。他下令金边等城市的所有居民只携带必需的生活用品和基本劳动工具，在数天之内迁移到农垦地区，否则格杀勿论。波尔布特天真地认为，如此柬埔寨社会将会在一夜之间实现消灭阶级的理想，有利于早日进入共产主义社会。但波尔布特很快发现，阶级貌似消灭了，敌人却仍然不断涌现，因为随着共产主义进程的推进，越来越多的人意识到，那个所谓的天堂其实与地狱没有什么大的差别，这导致共产党的"思想工作"也越来越难做了。于是波尔布特决定从肉体上消灭不断冒出来的敌人。大屠杀开始了，先从伪政权官员和军人、地主、小资产阶级（当时柬埔寨基本没有大资产阶级，作者注）开刀，这些人杀得差不多了，再开始杀顽固的宗教信徒和难以教化的知识分子，最后开始杀革命阵营内所谓的不坚定分子。有统计说，红色高棉总计屠杀了百万左右的柬埔寨人，占柬埔寨总人口近五分之一。红色高棉失败后，即便在接受红色高棉特别法庭审判期间，波尔布特也从不认错，他的临终之言是"我在为真理而斗争"。将波尔布特与那些高唱国际歌慷慨就义的我们眼中的英雄比，他可以说有过之而无不及，而且更像马克思主义标准下的英雄。

上面两个例子生动说明极端的意识形态利用了人们向善的本能，生产了大量的"坏英雄"。这样的英雄不仅不能维护社会的整体利益，还有极大的破坏性。其实这正是我们在前一节指出的，极端意识形态增熵的一种表现形式，把我们的朋友当做敌人来对待，把善变成了恶。本来英雄和英雄情结是任何一个社会的宝贵财富，但极端意识形态，不管它是以什么样的形式发生的，无论左的还是右的、世俗的还是宗教的、无产阶级的还是资产阶级的、白色的还是黑色的，都有可能利用这种情绪创造出它们眼里的英雄，进而给社会造成灾难。这也是极端意识形态极端"恶毒"的一种表现。

当然作者知道仅凭以上的分析是不足以说服左愤的，他们会说像雷锋、张思德、白求恩这样在自己的工作岗位上为普通老百姓无私服务的人，像王进喜、时传祥、陈永贵这样在各条战线上为社会尽最大努力创造财富的人，难道不应受到我们的尊重，不应该去学习吗？这又与你说的极端意识形态有什么关联呢？

是的，作者认同左愤想表述的核心观点，可能他们并没有把它表达清楚，即我们的社会存在这样一些人，他们在社会生活中比常人更加地利他，同时对自己的要求更严格，或者用作者的话说，在他们身上体现出某种自觉的减熵行为。对这样的人或事，我们是应该尊敬和学习的。在这点上，作者与左愤是没有明显分歧的，而且作者认为，对此右愤也不会有意见。因为这种对英雄的感情从根上说就是一种人的本能，想否认也是不可能的。

作者想说的是，谁都想生活在一个充满了为人民服务氛围的社会里，提倡为人民服务的精神大家也不会有什么异议。但是作者认为如果将这种精神提升到"毫不利己专门利人"、"全心全意地为人民服务"这样的高度，就必然会产生问题，而且是严重的问题。因为它不仅不能使人民得到更好的服务，还最终会使这种服务变差。

为什么这么说呢？大致有三方面原因。

一、类似"全心全意"、"毫不利己"、"专门利人"这类提法，一看就知道是承认绝对真理世界观的语言，根本就不科学。但凡稍有生活经验的人都知道那是不可能的，即便是机器人，它也要"吃电"、"喝油"、需要维修保养，何况人呢？当然我们无法认定，这样说话的人不是出于善意。但我们大致可以认定，具有如此鲜明意志的人，如果他是领导者，那么他一定会按照自己的意志坚定地去做他认为对的事情，用他认为对的方式去为人民服务，去利他人，去利社会。作者相信毛泽东之所以发动无产阶级文化大革命运动，不是在为自己，而是在为人民服务，只不过是按照他的理解来提供这样的服务。这正是这类极端美好语言的危害性，因为它迎合了极端意识形态的需要，在使民众忘我的同时，让他们相信统治者就是真理的化身。至于被服务的对象——人民该怎么定义，完全是由统治者，即所谓的服务者来定义的，一旦他们的事业出现了问题，他们完全可以像文化大革命那样，将人民划分出一部分敌人来，然后将其剔除到服务范围之外，如此所谓的"为人民服务"立刻就变成了顺我者昌逆我者亡的政治工具。另外，对于"专门利人"这句话，本来就其本意来说，何为利，怎么利？应当只有被利者才知道，如果利人者是以自己的意愿和理解去利人，那么这种利对被利者来说，就可能不是利，而是害。总之，在专制体制下，当人民意愿不能正常地进行表达时，不吝赞美之词对英雄进行描述，同时鼓励大众向这些英雄学习，是执政者习惯采取的手法，因为他们可以借此控制局面，使事态向自己希望的方向发展。

作为文化大革命的经历者，大家心里都明白，几乎所有的英雄、模范人物都经过了或多或少的政治加工。其实，人们反感的不是英雄、模范人物的实际所做作为，他们反感的是那些被有意添加上去的东西。因为这样的东西使得英雄、模范不真实，不可学，对社会甚至还有害。这里借用一句雷锋的名言："对待同志要像春天般的温暖，对待工作要像夏天一样火热，对待个人主义要像秋风扫落叶，对待敌人要像严冬一样残酷无情"。如果这句话是真实的雷锋所说，按照他对人生的理解的自然表达，即便它带有鲜明的时代特征，也有值得我们去学习的内涵。但如果它是被执政者操控的话，那么它的可学价值就大为降低了。因为弄不好你就可能被像严冬那样残酷地对待。

二、这类看似美好的极端语言，必然会排斥其他社会积极因素的发挥，不利于社会的均衡发展。例如，"毫不利己"显然是将利己当做完全消极的东西加以排斥的。如我们在前面指出的，利己是所有生命体的一种本能，除非你不是生命体，否则你就不可能毫不利己。另外，利己既然是人的本能，那么它必然也可以成为治理社会的积极因素。实际上，不管是马克思主义强调的平等，还是自由主义强调的自由，都是基于利己的角度提出来的。我们利己才需要平等，我们利己才需要自由，我们利己才需要公平，我们利己才需要民主。甚至我们利他的最终目的也包含着利己因素。从根本上说，社会治理的任务是减少自私，即你在利己的时候妨碍其他人正常利己的行为。因此，"毫不利己"将利己视为敌人，是在帮社会治理的倒忙。不仅是有朋友不用，还将朋友视为敌人加以消灭，如此则社会不仅治理不好，还会越治理越乱。

其实如作者在《说东道西》一书中指出的，这个问题也是中华文明长期存在的问题，或者说是中国文明的一个重大缺陷。大致始于周朝，以儒家思想的克己复礼为标志，延续至近现代，中国的政治理论体系基本上是建立在人的社会依赖本能基础上的，即所谓的人之初性本善。在这两千多年的时间里，利己一直被当做治理的对象，而不是治理的动力。这点与西方文明恰恰相反，西方文明的政治理论体系基本上是建立在利己本能基础上的，即所谓的人之初性本恶。

因此，中华文明历史上就习惯于树立英雄模范，作为大众的榜样。什么孝子的榜样、烈女的榜样、仁义的榜样、忠臣的榜样、甚至好皇帝的榜样等等，每朝每代都有。当然，这些榜样也少不了被粉饰、被人工拔高的现象。由于中华文明的主流世界观是不承认绝对真理的，因此在这些英雄模范身上意识形态的特征尽管没有马克思主义英雄那么强烈，但在传承中华文明的优点的同时，他们也将中华文明的缺陷遗传下来了，其中最大的问题就是，我们的人民自组织能力相比较弱。长期对利己本能的压抑，成为中国在近现代国力衰败的一个主要原因。

三、通过扭曲人性，人为拔高英雄形象的做法，开展学习英雄的活动，反而损害了英雄的可学性，是难以持续的。这种做法本身对社会造成的危害可能远大于其积极意义。一个显见的危害就是，让民众感觉连英雄都可以造假，那什么事情还不能造假呢？这反而会起到降低人们道德标准的作用。虽然我们知道这种造假可能包含了这样一个"善良"的目的，即想让民众学习"高标准"的英雄。但适得其反，这种所谓的高标准英雄是失真的，甚至扭曲了人性，是不可学的。人们可能会被"感动"一时，但当他们实践时，就自然会发现自己根本就做不到，而且还会产生被欺骗的感觉，这时英雄在他们眼里可能不再那么英雄了，甚至成为嘲笑的对象，例如我们前面提到的恶搞现象。因此，从问题的本质看，不是恶搞英雄的人不尊重英雄，而是刻意拔高英雄的人败坏了英雄的形象。当前，我们的新闻报道、理论文章、甚至电视节目也普遍存在类似的问题，弄虚作假不真实，同样也损害了政府的公信力。

强意识形态下的学英雄运动必然会表现出与这个意识形态本身存在的主义悖论相似的悖论。例如，在马克思主义意识形态下展开的学英雄运动，运动的倡导者主观上会想当然地认为，只要使这场运动越来越纯洁，学习越来越深入，老百姓就必然也会越来越纯化，社会问题就必然会一步步接近最终的解决。但实际的英雄都是基于人的自然本能产生出来的，不可能有不断纯化的过程，因此运动的倡导者基于自身的世界观，会选择用艺术加工的方式将英雄不断地变成更加的英雄，用老百姓的话说就是造假，但在倡导者的意识中这不是造假，而是历史唯物主义所指示的规律，是可以实现的。如此这般，每一次学习英雄的运动都是轰轰烈烈开场，最后又不得不草草收场。因为英雄越来越假，越来越脱离现实，民众自然也就越来越学不下去。这就与共产主义产生的悖论一样，前者的表现形式是，它所追求的越来越纯洁的英雄形象被越来越假的英雄塑造所颠覆；而后者的表现形式是，它所追求的越来越绝对的平等被越来越不平等的绝对权力所颠覆。

学英雄运动最直接的受害者其实是英雄自己。因为一旦被评为英雄模范，英雄自己往往感到不知怎么做人了，他或她每天第一件事情就是要对照"毫不利己专门利人"的标准进行反省，他们会有一种茫然不知所措的感觉，长此以往可以想象这种压力有多大。甚至周围的群众也会紧盯英雄模范的一举一动，捕捉利己的丝毫举动，然后将其放大用在自己身上。这时英雄反而起到的是负作用，曾经有模范人物在工作时不敢上厕所（因为这要占用工作时间）。当然，对倡导者来说维持典型的先进形象也是一种压力，因为他们要随时为英雄做出的不够英雄的事情遮遮掩掩，给他们擦屁股。鉴于树立活的英雄模范人物的效果并不理想，因此共产党高层一度决定不再树立活的标杆式的英雄模范人物，而采取死后追授的方式，毕竟死后的艺术加工想象空间更大，还没有"擦屁股"的麻烦。

其实英雄保持自然才可能是生动的，也才是可以学习的。所有英雄都是有色彩的，没有绝对的英雄。对学英雄运动，我们首先要有一个最基本的认识，社会治理是没有一劳永逸的解决办法的，要想社会可持续地进步，不能靠不断地提纯某种意识形态来实现，只能靠不断地激发民众的智慧来实现，即我们所说的既利己又利他的智慧来实现。英雄是我们永远都需要的，但英雄应当更多的是智慧的体现，而不应当是某种绝对意识的体现。

第四节 难以上升的螺旋

如作者在《从点说起》一书和本书前面所讨论的，任何一个追求绝对真理的主义都持有一种对自己的理论会以螺旋上升的的方式通向真理目标的自信。这种黑格尔式对螺旋的理解，在为主义们提供了辩护的空间的同时也欺骗了自己，使自己难以发现体系中的缺陷。

不管左愤还是右愤，他们的一部分愤怒之源都来自于对自己所期待的那一天的到来所产生的焦虑。一方面他们总感觉看到了曙光，感觉这一天临近了，自己的理想很快就能够实现了；另一方面他们将现实中的障碍，视为敌人最后的防线，只要突破它就可以达到胜利的彼岸。当然，左愤与右愤各自期待的那一天是根本不同的，是黑白颠倒的。因此，当左愤碰上了右愤，出现仇人相见分外眼红的情景是完全可以理解的。

右愤指责左愤，中国的改革开放之前与之后的巨大反差已经充分证明马克思主义理论的失败，而你们却仍不合时宜地大肆宣扬马克思主义，到处宣讲《共产党宣言》这种带有极端色彩的意识形态，甚至把马克思抬高到千年第一人的前所未有的高度，其实就是借此抬高领袖的"威望"，推行实质上的独裁。还对外恬不知耻地召开全世界政党大会借交流经验之名，推销自己的所谓先进执政理念，重返"革命外交"，把中国的国际环境搞得一团糟。对内把宪法玩弄于股掌之间，借反腐之名进一步加强意识形态控制，实质上是发动着另一场"文化大革命"。我们又看到了那些似曾相识的一幕又一幕：所有宣传媒体的头条，都是"领袖"的语录和行动的轨迹，然后就是一些表忠心的文章，什么"中国的未来，请您放心"，"跟着总书记，永远向前进"……完全不顾廉耻，极尽肉麻之能事。真不知这些吹鼓手们还有没有自己的头脑。虽然还达不到当年人手一部"红宝书"，万众上街表忠心的程度，但在改革开放四十多年后，民众已经相当程度开智的今天，把意识形态搞成这个样子，其难度不下于文化大革命。在中共党内生活领域，再次把所谓民主生活会、批评自我批评作为一种政治斗争的工具重新使用起来。表面上是讲民主，谁都有批评他人的权利，但真正的标准只有一个，那就是领袖的意志，唯独这个意志是不能妄议的，更别说批评了。因此，所谓的民主生活会其实是排斥异己，树立权威的工具。所以放着如此多的实际工作不做，花如此大的力气去推行如此形式化的事情，在领袖的眼里是当务之急的工作。甚至如同文革时期，背"金句"、考"语录"，又成为了考核政治合格不合格的一种"试金石"。作者曾经历了一场左愤与右愤的真实"战斗"，期间发生了这样的一幕，一位右愤指着左愤说：我敢说那些能把"金句"、"语录"一字不差的挂在口头上的人，品行一定很差，你们如果不信，也不用通常的诸如己所不欲勿施于人、诚实、自律等做人的基本标准去查，就以所谓的党内"八项标准"去查，十个有十个不达标，我敢和你们打赌，如有一个例外就算我输，赌输的标的由你们来定，你们谁敢和我打这个赌？之前一直与这位右愤激烈交锋的左愤，没有一个出来应赌，场面一下就沉寂了。我想之所以没人敢应，不是因为这个赌约不好实行，而是因为，所有支持这种形式主义的左愤自己没有一个符合条件。然而右愤并不满足这种暂时的上风，又激动地补上了一句：你们这群妄想回到文化大革命的人才是我们这个社会真正的渣滓！

于是左愤的愤怒终于按捺不住再次爆发了：你们才是社会的

渣滓，你们口口声声真正代表着国家和人民利益，实际上嘴里嚼着西方政治理论的牙垢，抱着西方心怀鬼胎政客的大腿，打着反专制，推行民主的幌子，其结果就是破坏当前社会稳定的局面，把国家搞乱，断送改革开放的大好形势。你们才是没有头脑，才是国家和人民的敌人！

你们才是渣滓，敌人！

你们才没头脑！

……

显然，这样的争论是不会产生他们各自希望的结果的。

如我们在前面反复强调的，在作者看来，我们真正的敌人是极端的意识形态，对左愤和右愤都是如此。换句话说，我们的敌人是我们自己思想意识中的绝对真理。应该说，左愤与右愤的动机都是好的，他们都是社会的精英分子，期盼国家富强，人民能过上幸福美好的生活。那些让这群精英将彼此视为"渣滓"、"没头脑"、甚至是敌人的东西才是我们真正的敌人。而这个东西就是绝对真理世界观。是这种世界观将朋友当成了敌人，将一个个本来独立的灵魂变成了神的奴仆，将一个个自由的思想变成了绝对意识的帮凶，将一个个"先天下之忧而忧，后天下之乐而乐"的大好人变成了泯灭人性的恶魔。

唤醒一个被绝对真理所蒙蔽的人是非常困难的。很多人认为共产党之所以不放弃马克思主义这个在大家看来都是一个包袱的负担，是因为了维护自身利益。当然，我们不排除其部分动因是出于自身利益的考量，但这种说法忽略的，或者根本就没有认识到是，马克思主义之所以能够成为某种不当利益合法化的借口，是因为绝对真理世界观的作祟。而且，那些反对马克思主义的一方自己也承认绝对真理的存在，也犯着与马克思主义一样的绝对真理的错误，所不同的仅仅是各自认定的真理不同。反过来说，如果我们是在一个不承认绝对真理世界观语境下，这种借口就很难成为借口，不仅如此还会避之唯恐不及。

当一个手握执政权力的人是坚定的信奉某一绝对真理的人，他一定相信在现实世界中存在一条通往真理的路径，只要采取类似辩证法或形式逻辑等等的方法，就可以通过不断的努力达至真理。下面我们就具体地分析"批评和自我批评""民主生活会"这种在文化大革命已被人们体验过的极其荒诞的现象，为什么还能再次大规模地出现在我们的政治生活中。

如毛泽东所说，民主生活会、批评和自我批评是马克思主义政党与其他政党的重要区别。这是因为马克思主义政党坚信马克思主义就是真理，在目标上它要比其他政党更加具体。而且它明确地将辩证唯物主义作为自己的方法论，也就是说通往真理的手段也非常明确。因此为了将党员的思想意识统一到马克思主义这个最终目标上，就必须采取一种工作模式，不断地剔除党员思想意识中不符合马克思主义要求的杂质，使所有党员的思想纯度在正能量与负能量的不断较量中得到"螺旋式上升"，并最终统一到马克思主义的绝对纯洁。而所谓的"民主生活会"、"批判和自我批评"就是这样一种提纯党员思想意识的工作模式。很多人被"民主生活会"中的民主一词所迷惑，以为这个民主与我们通常所讲的民主是一回事，这就大错特错了，这里的民主是有绝对参照标准的，即马克思主义真理。也就是说参会者是围绕思想意识是否符合马克思主义标准展开民主讨论的，目的不是为了开放思想集思广益，而是为了进一步实现思想的统一，提高马克思主义的思想纯度。

在这个前提下，大家可以充分展开相互之间的批评，指出对方思想中的杂质，或自己主动发掘思想中的杂质，以达到思想更纯的目的。在这个过程中，鼓励下级批评上级，党员之间是平等的，民主的。为了区别通常意义下的民主，我们将"民主生活会"形式下的民主称为意识民主或单色民主，即在某种强烈的意识形态前提下开展的民主，它的目的是为了增强该意识形态的色彩。而我们通常理解的民主，它的目的是为了丰富社会生活的色彩，我们也可称之为多色民主。显然，单色民主和多色民主是没有绝对界限的，当一个社会处于强意识形态背景下，它孕育的民主就很容易是单色民主，或者单色民主的程度更多，反之亦然。

单色民主问题也是左愤与右愤激烈交锋的话题。右愤常把"民主生活会"、"批判和自我批评"作为共产党专制荒诞、愚蠢的例子。而他们自己其实也在犯着单色民主的错误，因为他们的世界观也是承认绝对真理的，也在用简单的对和错来判断是非。

单色民主具有三个主要特征：

1、在同色意识形态内是开放言路的，对不同色的意识形态是封闭言路的，而且意识形态越强，这种特征就越明显。

2、单色民主的过程必然伴随清除杂质的过程，而且单色民主的规模越大，相伴随的清除杂质的运动也就越大。例如，前苏联在斯大林统治时期，就曾开展过大规模的批判与自我批评运动。斯大林就此还有专论《斯大林论批评与自我批评》，这本书有中文版，毛泽东的儿子毛岸青还是译者之一。与批评与自我批评运动同时发生的是大规模清洗运动。根据最新的（2019年8月）对前苏联和俄罗斯档案研究显示：仅在大清洗高峰时期的1937年-1938年，以反革命罪或政治原因被捕的人就将近250万；苏共十七大选出的139

位中央委员中，有89位被捕，尔后几乎全部被枪决，占全部委员的64%；在1466位十七大代表中，有1108位在大清洗中消失，占代表总数的56%。同样地，在中共1949年成功夺取政权后开展的反右运动、文化大革命运动也都带有显著的单色民主特征。与这些运动相伴随，也都同时开展了大规模的清除杂质运动。与前苏联的情况不同的是，在反右和文化大革命期间到底有多少人受到政治刑罚的不当处理，中共至今没有官方严肃、负责任的详细统计。3、单色民主的实际结果往往与发动者的初衷相悖，是使外部的社会矛盾更加激化，党组织内部更加离心离德。道理很简单，本来发动者心目中的真理就是虚幻的假真理，当他企图用单色民主纯化部众时，必然是将假变"真"的过程，因此也必然是一个脱离现实，扭曲人性的过程。其结果可想而知，必然适得其反。他越是拼命地推进"民主生活会"、"批判与自我批评"，就越会加速其意识形态的最后崩塌。因为，他自认为可以不断进行提纯的过程，其实是他所信仰的意识形态的一个不断地被证伪的过程。

毛泽东发动的无产阶级文化大革命运动就是一个非常典型的例子。毛泽东发动无产阶级文化大革命的目的是为了实现"无产阶级专政条件下的继续革命"，也就是解决在中国共产党领导无产阶级取得政权后，如何仍然能够持续保持鲜红颜色，不断推进马克思主义事业最终能够走到共产主义终点的问题。显然，在毛的眼里这应当是一个运用唯物辩证法对党组织和党员的思想意识进行不断提纯的过程。因此，以"民主生活会"、"批评与自我批评"方式进行单色民主是一个必然手段。作者在文化大革命的不同阶段作为当时的红小兵、红卫兵、共青团员都亲身参与过这样的单色民主活动。活动的核心议题是围绕马恩列斯毛的语录寻找自己和他人的行为不符之处进行相互和自我剖析，并提出整改措施，表达改正的决心。会议形式的确是民主的，组织者也都鼓励大家畅所欲言，当然前提是以马恩列斯毛的语录为标准。应该说，在开始大家是真信的，并且也试图对照这些语录去做过。但回到实际中，所有的人都不能判定具体那种做法才真正符合马克思主义的要求，也没有人能够将什么才是真正的马克思主义讲清楚，因为讲解者自己就分成了不同的派别，因此很快所谓的"民主生活会"就彻底变成了一种形式，大家共同的应对方式就是照抄时髦政治语言，包括组织者自己。抄来抄去形式化程度越来越严重，大家的作文也越来越雷同，好像是纯洁度得到了提升，但实际心态却越来越反感。最后，随着社会越来越乱，很多人的马克思主义信念不仅没有得到提升，反而对之产生了怀疑，甚至对立。当然，这期间也很有一些思想意识得到"升华"的人出现，他们能发现同学、老师、甚至自己的父母有不符合马克思主义的行为，于是积极地站出来，六亲不认写大字报、开批斗会。这中间更有一些心术不正的人，借机泄私愤。"民主生活会"越开越多，社会矛盾随之越来越激烈。人与人之间的隔阂也越来越大，那时人与人之间最难得的就是相互间能讲一句真话。人们你防我，我防你，生怕一句话说不好明天就被拉到台子上批斗、下放劳改。如果你的一句话太出格，甚至还有可能被划成敌我矛盾，判处反革命罪。因此，大家渐渐习惯张口闭口就是毛主席语录，因为这是最好的护身符。我们当今生活中年纪大一些的右愤可以说就是这种"民主生活会"产生的"成果"。从这个意义上讲，他们心中之愤是愤得有理由的。你那一套我是经历过的，已经上过一次当，当过一次真，犯过一次傻，如今又来，斗不过你，不奉陪总可以吧。

"民主生活会"、"批判与自我批评"不仅不能使马克思主义的革命能不断地持续下去，产生发动者所期盼的那种螺旋式上升的结果，反而会使社会的进步呈现螺旋式下降，因为意识形态越强烈，对现实社会的真实就越扭曲。更为关键的是扭曲了人性，扭曲了人们的基本道德观。当一个社会的大部分管理者都不敢讲真话的时候，这个社会一定是没有前途的社会。

读到这里，可能会有人提出这样的问题，为什么被同一块石头绊倒过好几次也不吸取教训，在改革开放四十多年后的今天，还要再次重拾"民主生活会"、"批判和自我批评"的方式来强化意识形态教育呢？

说实话，对此作者也大跌眼镜。因为作者自己也曾经相信，文化大革命给我们每一个人和中国社会造成的重大浩劫是难以忘却的，也充分相信"改革绝没有回头箭"这样的话，但这种事情竟然就这么活生生再现了。即便站在发动者的立场上看，除非把文化大革命视为一次继续革命的成功经验，否则作为过来人，没有理由采用文化大革命的方式来推进当前的改革。当然，还有一种解释，那就是发动者认为当前的改革开放已经严重偏离了马克思主义的正确方向，应当往回纠正。对其中的真正思考，作者不好妄加猜测。但有一点是可以确定的，那就是发动者的绝对真理世界观是极其强烈的。

右愤对这个问题的回答很干脆，中共重新回到强意识形态路线，充分暴露了它在国家、人民和党的利益选择上，将党的利益放在了国家和人民的利益之上。他们此时强调马克思主义的真理地位，完全是为了给党的利益第一寻找合法的理由。因此，改革开放的希望从根本上就不能寄托在共产党身上。

作者认为，右愤的观点有符合逻辑的地方，但太绝对。先说符合逻辑的地方。中共第一代领导人参加革命应当说是将国家和人民的利益放在第一位的，因为那时中国共产党可以说基本没有自己的私利，更多的是付出和牺牲。他们选择马克思主义信仰仅仅是因为，他们认为马克思主义是一条正确的道路。这一代（这里指中共打江山的一代人，后面第二代通指江、胡、习这三届领导人，这种划分与中共自己的划分有所不同。著者注）领导人发动文化大革命的目的，更多地也是为了能将革命推进到更高阶段，而不是谋取个人的私利。关键的是，在他们发现了文化大革命的效果严重偏离了国家和人民的利益以后，能够果断地采取一系列违背马克思主义教义的改革措施，尽管这些措施可能会危害共产党领导地位的权威性和合法性，也在所不惜。因此，尽管第一代领导人也犯了这样和那样的错误，甚至是血腥的错误，但广大人民是尊敬他们的，对他们的错误也能够加以理解和释怀。人民记得更多的是他们做出的牺牲，至今仍把他们视为英雄。

但对第二代中共领导人情况则不同了，第二代中共领导人可以说是在权力的魅力和权力带来的利益诱惑下成长起来的，他们选择马克思主义信仰不仅不用抛头颅洒热血，而且还可以近水楼台享受权力的魅力和利益，虽然我们并不排除他们中有部分人是像前辈那样选择马克思主义信仰的，但这种可能性在上述背景下显然缺少足够的信服力。一个典型的例子就是薄熙来。我们没有理由说薄熙来不信仰马克思主义，甚至还可以说他比当今大多数中共领导人更信仰马克思主义，但仅仅从薄熙来对待人民颐指气使的态度就可以看出他与第一代领导人的本质区别，看出他对权力的迷恋和向往，他这种"高贵的气质"恐怕只有在权力的熏陶下才能培养出来吧，他们自打懂事起就知道官与民的区别，耳闻目染管理与被管理的艺术。而这种做派你在第一代领导人身上是很难看到的，尽管他们才是真正打江山的一代，真正劳苦功高的一代，因为这一代领导人深知他们领导的革命是人民一口一口喂出来的。也正是因为这种动机上的本质区别，使得第二代领导人在面临国家、人民和党的重大利益冲突时，有更多的因素使他们做出将党的利益置于国家和人民的利益之上的选择。也正是基于这个理由，作者部分认同右愤的上述观点。

但是右愤的观点并不能排除其他情况的可能性。例如，"民主生活会"、"批判自我批评"的发动者的确就是一个极少利已极多利人的圣人，同时他也相信，其他人通过这种办法也可以成为圣人。当然，我们也不能排除一个"真圣人"被一群"假圣人"包围的情况。在这种情况下，"真圣人"很难得到真实的信息，当然也无法根据真实的信息选择合理的政策。又当然，我们也不能排除那个真圣人其实是更大的假圣人的可能。实际上，后面两种情况才是我们需要警惕的。因为我们根本就没有办法去确定谁是真圣人谁是假圣人。因此，我们切实可行的办法是，向尽可能多的人说明这个世界上根本就没有绝对真理，去努力普及不承认绝对真理的世界观。当我们的语境转变为不承认绝对真理的语境时，我们才会大幅减少被同一块真理的石头绊倒多次的可能性。而右愤观点最让人担心的地方是，他们的世界观也是承认绝对真理的，他们是在用自己的真理去反驳他人的真理，用一种绝对批判另一种绝对。从这个意义上说，被同一块真理的石头绊倒多次与被不同的真理石头绊倒多次是没有本质上的区别的。

一种能够被很多人接受的，对上述强意识形态回潮的解释是，针对当前腐败现象在党内，特别是党的各级领导人身上普遍发生的实际情况，不采取意识形态教育的方法难以遏制。作者不排除这种解释的可能性，但作者认为如果意识形态教育真的是为遏制腐败而发动的，那就是用错了药。因为这种做法不仅不能最终有效地遏制腐败，还催生了另一种危害更大的腐败，即精神腐败。精神腐败最典型的表现形式就是，讲假话不讲真话，做假事不做真事。我们说精神腐败比物质腐败具有更大的危害性，是因为这种腐败对所有人都危害大于利益，包括那个看似受益最大的，被尊为神一样的领导核心的人。因为当这个神一旦从神坛上跌落下来后，他或她所感受的强烈反差是其他人难以想象的，痛苦呀，当初我怎么会陶醉于这样的吹捧呢？怎么会愚蠢到相信这样的追捧呢？怎么会在众目睽睽之下安于这种吹捧呢？神还可能会埋怨，怎么当时就没有人仗义执言说句真话呢？但这一切又怪得了谁呢，当你被一群精神腐败的人包围的时候，不仅这些人不会说这样的话，而且还会自动地形成一个严密的保护网，阻止真话传到你的耳朵。此时，你早已经成为了精神上的孤家寡人，所有的人都知道在那层神圣外衣下是一具俗胎，但他们都不愿说破，因为当天塌下来的时候，所有肮脏的事情都可以归结到那个俗胎身上，而对于那些精神腐败的人来说，至多是许许多多不说真话的一大群人中小小不言的一份子而已。历史的耻辱柱上是没有空间去记载像他们这样的小人物的可耻事迹的，后人责骂的吐沫星子、讥笑的对象，永远是那具败絮其中的假神。而更让"神"痛心的是，所有这一切的始作俑者其实是他自己。

　　上面的文字可能有些刻薄，但需要指出的是作者的刻薄并不针对任何个人，它针对的只是绝对真理，是绝对真理将好人变成了恶魔，将一个有担当、有理想、想认认真真为人民服务的人变成了一个为人所不耻的假神；是绝对真理将一群原本有思想、有理性、想为国家兴旺、人民幸福做贡献的人变成了一群没有灵魂、没有思想、只敢讲假话的混蛋。

第三章 大家都来展现自己的智慧

第一节 来，都往中间坐坐

当一群人真正想要讨论问题，解决问题时，他们会自然地彼此靠近以便相互之间的发言能够听得更清楚些。就像会议的主持者常说的第一句话：来，大家都往中间坐坐。

我们在前两章所做的努力，目的都是为了让一场由左愤与右愤组成的讨论会能够顺利地进行下去。因为这场讨论会对我们大家都太关键了，它关系到我们共同的未来。如果我们不能坐在一起，理性地讨论出一个结果，那么我们的改革开放也难以有好的结果。因此，大家要彼此靠近一点，都往中间坐坐。

往中间坐，就意味着大家都不能太偏执，不能用简单的你错我对的态度来讨论问题，这才能腾出空间彼此靠近。在当前这种环境下，似乎左愤和右愤针尖对麦芒往中间坐的可能性很低，其实只要把握好"既利己又利他"的基本原则，坐到一起来并没有你们想象的那么难。本节和下节我们分别以要不要坚持共产党的领导和要不要民主为话题，探讨一下往中间坐的可能性问题。

先说要不要坚持共产党的领导问题。左愤的观点是必须坚持共产党的领导，因为马克思主义是真理，所以信仰马克思主义的共产党的领导才是唯一正确的选择。右愤的观点是马克思主义是一种破坏性理论，不是建设型理论，前苏联和中国改革开放前的马克思主义实践都证明马克思主义的那一套是行不通的，因此必须抛弃共产党的领导，中国的未来才有出路。

　　显然，这两种观点都太极端了。左愤将共产党领导的合法性与马克思主义的真理性进行捆绑是非常危险的，因为当马克思主义的真理性一旦被推翻，就意味着共产党完全丧失了合法性。事实上，马克思主义已经被历史证明不是绝对真理，因为它已经被多次实践证明存在许许多多的问题。在这个问题上，有一点必须说清楚，我们说马克思主义不是绝对真理，甚至说马克思主义不是真理，并不意味马克思主义没有合理的成分，也并不表示说马克思主义根本不能产生任何成功的实践结果。而是说马克思主义不是必然对的，甚至在很多时候它表现得很不对。因此，当共产党将自己的合法性与马克思主义进行直接捆绑时，马克思主义在很多时候是会给共产党的合法性产生负作用的，甚至是完全相反的作用。同样是在共产党领导之下，建国以后发生的两大事件，一个是中国改革开放的四十年，另一个是无产阶级文化大革命的十年，如果套用马克思主义理论，肯定是后者的实践更符合马克思主义，而前者甚至可以说已经在相当程度上背离了马克思主义理论体系。但是，共产党或者说大多数共产党人显然更愿意将改革开放的实践视为在共产党领导之下取得的成绩，而不愿意将无产阶级文化大革命的实践视为在共产党领导之下的作为。即便是在当下强意识形态有所回头的情况下，党的喉舌也只提改革开放以来的成绩，而避免触及文化大革命的话题，这本身就说明马克思主义与中国共产党的捆绑关系更多地是在所谓的思想意识层面，而不是实际操作层面。在实际操作层面中国共产党的有些做法甚至比一些西方国家的政党还资本主义，例如在中国工会的作用要明显小于主要的西方国家。作者也认为这样可能更有利于中国经济的发展。

在改革开放后，中国共产党根据自己的实践经验在理论上提出了一个新论点，即走具有中国特色的社会主义道路。对这个观点作者是基本认同的，因为它反映了中国共产党人对马克思主义的反思，是摆脱绝对真理观的重要一步。因为，只有当你不再承认马克思主义是绝对真理的情况下，"走具有中国特色社会主义道路"的提法才可能成立。否则，根据逻辑推理定律，马克思主义是不可能产生任何具有个性化的结果的，或者说例外的。反过来说，当你将马克思主义称为真理，并将其作为自己合法性的前提，那么按照逻辑推理定律，你的所作所为凡不符合最严苛马克思主义教义的地方就都是不合法的，这实际上等于说改革开放所取得的几乎所有主要成绩都是不合法的。这里作者举一个很有意思的例子。最近一日作者去位于家附近小胡同里的理发馆理发，老板手艺不错，还挺关心时事政治，爱看报纸。作者每次理发前都先买一份《参考消息》，在理发时看，发理完了报也读完了，然后将报纸留给老板。也正因为如此，老板很愿意与作者聊时事政治，这日老板依旧和作者聊起了政治话题。

理发老板：你没发现这几天附近戴红箍的人多了吗？
作者：发现了，是不是发生了什么案件？
老板：不是，原因你肯定猜不出来。
作者：是不是有人散布反党言论了？
老板：不是，你再猜。
作者：那就是这里要拆迁了，或者要拆违建了。
老板：也不是。告诉你吧，是因为最近有人打着马列小组的名义，动员清洁工人罢工，反剥削、反压迫、反贪官污吏。

作者真是大吃一惊。后来作者又在和几位北大老师朋友的聚会中得到消息，北大马克思主义研究院的确有些学生效仿毛泽东当年到安源煤矿搞工人运动，到工厂组织工人运动，并在校内组织了马列主义小组。有的院系为了加以劝阻，还专门组织人员以多人对一人的方式进行教育疏导，其实主要的任务就是防止这些学生到校外从事马克思主义工人运动。理发老板讲的情况由此得到进一步证实。

　　一个将马克思主义写入宪法的政党竟然被人用马克思主义来反对，真是奇哉怪哉！说实话真的很难为被派去教育马列主义小组搞工运学生的老师们，他们怎么进行教育呢？难道教育学生说，马克思主义不是绝对真理，也存在错误，也有不适时宜的地方？这不与这些学生在课堂上正在学习的内容直接冲突吗？难道教育学生说，今天的资本家与过去的资本家是两个概念：今天的是红色的，过去的是黑色的；今天的资本家对国家有贡献，过去的资本家只会剥削工人；今天的资本家是有良心的，过去的资本家是没有良心的。这又说得通吗？这种反讽之痛不正是主义悖论的生动体现吗？

　　这个事例鲜活地说明了，中国共产党如果再不果断的放弃马克思主义这个沉重包袱，不仅改革开放难以深入，受右愤的批判，而且还会因半途改革受马克思主义原教旨的批判，因为当前你所标榜的所有主要成绩都是背离马克思主义教义的，都是资本主义复辟。面对比你更马克思主义的马克思主义你又该如何交代呢？你的马克思主义不仅在右愤的眼里缺乏合法性，而且在真正的马克思主义者眼里也缺乏合法性，两面不是人，进退两难。

　　根据以上讨论，且不论将党的领导合法性与马克思主义捆绑在一起对国家，对人民是否有利，就是纯粹站在中国共产党的立场上说，这种捆绑也是大为不利的。其实有很多迹象表明，中国共产党领导人也在一定程度上意识到马克思主义原教旨的危害。例如，前一阵有献媚学者抛出了一篇讨论让民企全面推出的文章，站在马克思主义立场上这显然是政治正确的文章，但共产党的主要领导人马上亲自出面加以驳斥，因为真要这么做的话，国家经济很快就会崩溃。再如，为配合中共十九大的宣传，有三位来自不同学校马克思主义学院的教授组成了一个小组在电视上进行马克思主义原教旨宣讲活动，大讲《共产党宣言》和科学社会主义的科学性和革命性，按中共的重大宣传惯例类似这种"极正能量"的宣传应当搞得有声有色、大张旗鼓的，各省台起码要轮播一遍。但很快这个三人小组就销声匿迹了，当然这仅仅是作者自己的观察。但有一点是可以肯定的，如果这种宣传的效果是好的，深谙此道的中共宣传部门没有理由不把声势搞得更大一些。

基于以上讨论，从某种意义上说今天共产党还做不到摆脱与马克思主义的捆绑关系是因为它还没有找到一种替代方案，能保持对九千多万党员的凝聚力，毕竟这些党员都是按照党的现有章程被吸纳的。或者说它还没有发现下一个可以视为真理的理论体系能够将自己重新武装起来，说到底还是被自己的承认绝对真理世界观所困。

在这个问题上，中国共产党历代领导人都存在一个很大的误区，即他们错误地认为是马克思主义的无比正确性才引导他们领导中国革命取得了成功。作者不否认马克思主义的确在中国革命的成功中起到了相当的作用，但恰恰是中国革命，也包括俄罗斯的十月革命的成功实践在证明了马克思主义具有一定的合理性的同时，更证明了马克思主义不是绝对真理。试想，如果中国革命不采取农村包围城市的道路，不主要依靠广大农民能够取得成功吗？如果中国革命不采用在不同阶段实行不同的统一战线策略，而完全按照马克思主义理论行事能够取得成功吗？因此，中国革命从一开始就具有中国自己的特色，而且中国革命从一开就在与马克思主义的原教旨进行着斗争，甚至是残酷的斗争，中共党内将这种斗争称之为与左倾机会主义的路线斗争。因此，我们说中国革命的实践证明了马克思主义不是绝对真理，它仅仅是一种对现实具有一定指导意义的学术理论，它与自由主义等其他西方政治理论一样，都代表一家之言。这与中国历史上儒家、法家、道家、墨家思想一样，都仅仅是一种在相应场合可以适用的学术观点。我们不能说儒家思想就比法家思想更对，我们只能说在一定场合下儒家思想可能更适合，而在另一种场合下法家思想更适合，仅此而已。马克思主义既不神圣，也不绝对！

事实上，摆脱马克思主义只会有更大的操作空间，更多的办法。这是因为一个政党的合法性是由支付定律所决定的，即对一个处于执政地位的政党或领导人来说，它的合法性是建立在因它的执政带给人民的利益大于因它的执政给人民带来的损失之上。共产党不用寄希望于某一个政治理论能够必然地赋予它合法性，它只要尽自己最大努力去把实际工作做好，逐渐减少强意识形态色彩，首先是在党内充分开放言路集思广益，同时给民众提供更多的参与社会组织实践的机会，保证支付能力可持续有效地提高，那你就能保持合法性。在这一过程中，新的理论上解决方案必然会不断涌现，如果连你自己都不相信这九千多万的群体，你还能相信谁呢？

假设上述情景成为了现实，如果再问右愤，你们是否可以接受中国共产党的领导，起码在当下的情况下认可中国共产党的领导呢？实际上类似的问题，作者曾问过几个右愤，他们的回答出奇的一致，即仍然不能，因为这种局面仍然缺乏足够的制衡，你不能保证中国共产党不出现像薄熙来那样的极左领导人，甚至暴君。应当首先允许成立反对党，与执政党形成制约和竞争关系。

应当说右愤的关切是很有道理的，政党政治作为宪政民主的配套也是西方国家通行的模式，有相应的规范和长期的经验。但这恰恰也是作者最为担心的问题。总体上说政党政治有利有弊，但对当下中国社会而言，政党政治的弊很可能远大于利。主要理由如下：

1、政党政治可以说是承认绝对真理世界观语境下的产物，它在意识形态上强调黑格尔式的螺旋上升，或曰在政治议题上强调谁比谁更正确，而且这里所谓的更正确是在绝对意义背景下的更正确，显然这与中华文明的世界观是背道而驰的；

2、政党政治在中国社会依赖政治文化背景下，更容易将社会裂隙放大，而不是凝聚社会共识，很容易造成社会的失序而不是建序；

3、政党政治弱化政策的执行效力和效率的功能可能远大于其监督的功能；

4、反对党的破坏作用远大于它的建设作用。关于政党政治，作者曾在《社会系统的组织与未来社会形态》一书中详细讨论过，这里就不再浪费篇幅。右愤也许会反驳作者说，你对政党政治太没信心了，有先入为主的嫌疑。作者承认有这种可能性，但作者也有自己的参照系，即中国台湾地区的政党政治现状，对比这个参照系作者认为中国大陆如果引入政党政治，其发育状况比台湾地区的现状更差的可能性要远远大于更好的可能性，理由很简单：因为中国大陆的社会裂隙和复杂程度要远远大于台湾地区。

回到前面的提问，对于引入反对党如果连作者都不太接受，想必中国共产党就更难以接受了。因此，作者对右愤的建议是，既然左愤已经在放弃马克思主义绝对意识形态问题上做出了让步，你们能不能在这个问题上也退一步，与左愤协商出大家都能接受的方案呢？

结论当然是肯定的。日常生活经验告诉我们，只要大家能坐到一起，办法总会有的。当然，前提是双方都要放弃绝对真理世界观，因为在那种语境下只有自己的办法才是最好的，是不能产生创新的。下面作者就举两个自己设想的方案，供大家参考。

方案一、从小宪法、小民主过渡到大宪法、大民主。其具体设想是，修改中国共产党的党纲和党章，去除马克思主义绝对意识形态，制定党的各级领导人选举产生的办法。我们将修改后的党章称为"小宪法"，将选举党的领导人的办法称为"小民主"。同时降低党的入党门槛，取消意识形态上的硬要求，只保留道德层面的纪律要求，以便像右愤这样同样关心社会治理的社会精英加入。降低门槛后，我们也不用担心出现大批民众蜂拥而入的现象，因为有道德要求和需要交纳党费的原因，这时集体不作为情况还会表现得很明显。我们不是不欢迎广大民众的参与，而是为了便于操作，防止因为意想不到的问题引起混乱。而且，既然是新的尝试，最好还是先经过小范围的试验和摸索后再普及。待小宪法和小民主运作成熟后，可分步向更大面积的大宪法和大民主过渡。在该方案里，我们显然坚持了党的领导，因为原来的党员一个都不少。而且，这些党员的手脚被解放了，势必更能发挥他们参与社会治理的积极性。因此，党的治理能力和领导能力得到增强的可能性也自然更大。

方案二、统计参数球信息体系下的专业委员会体制。由于这个方案涉及的内容较多，我们将在随后的内容中展开讨论。

总之，当我们没有那些硬的条条框框限制，好的、可行的方案自然就会层出不穷。特别是对那些有丰富实践经验的人来说，比作者相对闭门造车的方式，更容易设想出创新方案。

第二节 三份问卷

如果读者面对下面这样三份答卷，将会如何作答呢？首先说明一下，三份答卷都没有所谓的标准答案，我们也无法给任何选择进行打分，它们只是作者为了展开论述的噱头。但读者最好不要跳过答卷，阅读后面的内容，因为在经过认真思考，并作答这个过程本身对读者是非常有益的。

问卷一：
如果中国共产党坚持马克思主义意识形态，对以下三项，你将会按什么顺序进行选择？
A. 维持现状；
B. 西方模式的宪政民主；
C. 探索新的社会治理模式。

问卷二：
如果中国共产党放弃马克思主义意识形态，并对未来持开放态度，对以下三项，你将会按什么顺序进行选择？
A. 共产党继续执政；
B. 西方模式的宪政民主；
C. 在共产党执政的环境下，进行新的社会治理模式探索。

问卷三：
在中国现有条件下，对以下三项，按照你优先努力的顺序，进行选择。
A. 承认绝对真理世界观向不承认绝对真理世界观转变；
B. 直接由现体制向西方模式的宪政民主过渡；
C. 探索符合中国国情的社会治理新模式。

作者可以想象，右愤在这三份答卷中有很大的可能都会将宪政民主作为首选，即三份答卷的答案分别为，B，B，B。而且越是极端的右愤，这种可能性就越大。同样的道理，左愤会将共产党领导的选项作为首选，甚至是唯一选择，即三份答卷的答案分别为A，A，无，其中第三份答卷没有选择。因此，根据对三份答卷的回答，我们大致可以识别左愤和右愤，及他们愤的程度。选择答案为A，A，无的，十有八九是左愤，而且是意识形态色彩强烈的左愤；选择答案为B，B，B的，十有八九也是意识形态色彩较为激烈的右愤。如果回答者，不仅选择了首选，还耐着性子完成了其他选项，就一定程度地说明他具有理性对话的基础，或者说他的世界观起码不是显性的承认绝对真理世界观。

我们之所以能根据上述三份答卷对左愤和右愤进行判别，是因为不管左愤还是右愤基于自己的世界观，他们是用简单的对与错来进行思考，并进行选择的。一旦选项中有他们心目中的真理，他们自然会毫不犹豫地选择相应选项作为自己的不二选择。尽管在他们选择时，脑子里不是没有这样的认识，即对右愤来说，宪政民主是有缺陷的；对左愤来说共产党的领导是有问题的。但他们甚至不去思考这些缺陷或问题到底有多大、原因是什么、在一个新场合下缺陷是不是会加大或者问题会得到克服，他们还是坚持自己的选择。因为在他们的潜意识中，都笃信自己的选择最终是好的，是对的，当前所面临的所有问题都可以被克服。这种潜意识其实就是所谓的黑格尔辩证法意识。对右愤来说，黑格尔意识的表现形式是，在宪政民主体制下，保证了人们可以不断地对好事务和坏事务进行筛选，或者可以通过对不怎么好的事务进行不断地改造，使其趋向完美。同样的道理对左愤来说，黑格尔意识表现得更直接一些，他们认为共产党信奉的是辩证唯物主义，在它的领导下社会自然会遵循一个循环上升的历史轨迹，最终达至理想状态。其实，尽管左愤与右愤的黑格尔意识的表现形式有明显的不同，但他们从一开始就犯了我们在前面曾讨论过的主义悖论的错误，再往深里说是绝对真理悖论错误。所谓绝对真理悖论指，世界上本来不存在绝对真理，但思想者认为存在，那么他就必然会犯绝对真理悖论错误。绝对真理悖论主要有两种表现形式：1、当他将某一种意识当做是真理时，那么他在开始进行推论时就已经产生了悖论，即依据事实上不绝对的前提条件，妄图经过逻辑推理拓展绝对真理的内涵，从而产生悖论。典型的如科学社会主义所犯的悖论错误；2、当他认为他的目标可以是绝对的时候，那么他就必然会以不绝对的前提，妄图经过逻辑推理趋近这个所谓的绝对真理，从而产生悖论。典型的如弗朗西斯·福山所犯的历史终结悖论错误。通常，前者在逻辑推理过程中，犯的是我们在第一章第二节1.2.2式所表达的错误，而后者犯的是1.2.3式所表达的错误。

在前面我们已经剖析了科学社会主义悖论，这里我们就重点剖析宪政民主悖论。

我们知道自由主义是宪政民主的主要理论基础。几乎所有主要的自由主义理论都将自己的理论体系，建立在这样一种前提假设的基础之上，即所有人都具有基于自身利益理性地做出选择的能力，那么在此前提下，只要我们的社会能够保障人人可以自由地进行选择，则社会秩序就自然会趋于合理。应当说自由主义的前提假设已经非常接近人的本能了，看上去是非常合理的，也是非常简要的。但我们需要指出的是，即便这样一个看似已经不能再简化的前提条件，也是非常复杂的，也逃离不了事物的本质，即谱结构。首先，你要保证自由选择对每一个人来说都是有利的，就必须保证选择本身对每一个人来说都是平等的、公平的、正义的。例如，如果社会的分配财富是不平等的，那么显然对于财富更多的人来说，选择的空间和能力就自然要大一些，或者说他们占最终的选择结果的权重就要大一些，甚至大很多。再例如，你要保证自由选择对每个人来说都是有效力的，你就必须保证所有的人能够平等地获得有关社会的所有信息，而实际上在任何一个社会里总有人比其他人掌握着更多的社会信息，他们会根据自己这种在信息上的优势地位，释放相对于自己更有利的影响，引诱其他选择者做出表面上理性但实际上并不理性的选择。从这个意义上说，这种打着自由选择旗号的体制，反而在某种程度上变成了比不自由的体制更坏的体制，因为实际的自由被某种程度上操控在别人手里，成为了他们谋取私利的工具。所谓的基于自身利益作出的自由选择，其实产生的是相反的效果。

右愤会说，你举的两个例子实际上西方政治家早就发现了，并提出了相应的改进策略。作者也承认，很多西方政治理论家的确在努力改进自己的制度。但作者通过这些例子要说明的是，你究竟应该以那种世界观来看待这些问题，如果你是用绝对真理观来看待这些问题，那就意味着你是想用黑格尔辩证意识去完善这个制度，最终的目标是实现完美。就像当年修正主义对待马克思主义那样，妄图在不触动马克思主义基本框架的前提下，通过在实践中的小的修补使其更具有操作性。如果你是用不承认绝对真理观来看待这些问题，那就意味着你是想坦白地告诉广大民众，天下没有任何一种完美的制度可以解决所有的社会问题，人民要想维护自身的正当利益，就必须付出实际的努力去实现，而不是选择谁替你来做。以选择的方式挑选他组织者，永远都不能代替自己的亲自参与，天上是不会掉馅饼的。

在不承认绝对真理世界观看来，西方政治家描绘的宪政民主很容易给人民造成的两个重要的不良影响：1、认为宪法可以被不断完善为一个终极宪法，从而使人民过度地迷信它的作用，忽略它可能产生的问题；2、过分地迷信一人一票的普选制，从而使民众忽略了自身实际参与社会治理的责任。为了进一步解释这两种影响，这里我们再点一个主义的名字，它叫结构主义。

为了追求绝对真理，有语言学家从自身的研究领域出发想到了一个办法。人们要传播绝对真理，就需要用到语言，对绝对真理进行描述，并相互交流。因此，如果绝对真理是存在的，那么就必然存在一种可以对绝对真理进行绝对描述的语言，否则即使绝对真理是存在的，我们人类也不可能完整地认识它、传播它。因此，语言哲学家就试图构造一个由一整套语法、构词规则等组成的语言结构，通过证明这个结构具有完备的、准确的表达能力来间接证明绝对真理的存在。我们将这种企图称为结构主义。

作者以为人们通常所理解的结构主义只能算是狭义的结构主义，其实所有追求元叙事的主义都具有结构主义的特征，包括作者在《从点说起》一书中提到的柏拉图主义、物理主义、形式主义、经验主义以及马克思主义等等都可以被认为是结构主义的分支。因为它们都试图用某种叙事方法或曰语言描述绝对真理。

与其他的主义一样，结构主义从诞生的第一天起就犯了1.2.2式和1.2.3式所表示的错误，即一方面把本来不纯的概念当纯的概念来使用，如主语、谓语、宾语；动词、名词、感叹词，并以此为基础进行所谓准确的表达。另一方面，又企图从不严谨的前提条件——语言表达，提炼出严谨的结果——对表达的一致理解。例如，由人这个名词可以引发无数的联想，只需经过几层这样的联想，我们就可以联想到整个世界，而且不同的人联想的结果一定不同，同一个人在不同时候进行的联想也会不同，这中间没有一个环节可以是绝对确定的。因此，由人这个本来就是不确定的概念出发，我们怎么能推理出，或者表达出人的准确的定义呢？又或反过来，当我们在误以为人的概念是绝对的，并在类似这样一系列误以为的基础上，又怎么能实现所有人对所有概念丝毫不差的一致理解这个目标呢？同所有其他的主义一样，结构主义从一开始就栽在了概念绝对这个问题上了，即将绝对真理这个待证明的事情，当做证明的前提去使用。

我们为什么在讨论宪政民主的时候，"跑题"去讨论结构主义，是因为我们也可以把宪政视为一种"语言结构"，只不过它不是用来交流信息的，而是用来描述社会治理架构的。就像信息是需要交流的，因此语言是必需的一种工具一样，社会治理结构也是需要建立的，因此类似宪政这样的语言也是有意义的。但如果我们把宪政理解为一种可以最终完美描述社会治理结构的语言，那么我们就必然会失去大量其他的对社会治理结构具有积极意义的表达，其结果必然是减少了促进社会进步的可能性。

右愤会说，我们并没有把宪法规定死，是留有不断进行修改的空间的。你的观点是否绝对了？作者也没有说宪法是定死的，没有灵活性，而且我们在制定宪法时还可以把宪法的灵活性规定得很高。作者之所以用语言来比喻宪法，原因之一就是相比宪法而言，语言的灵活性更高，可修改的余地更大，也比宪法更能容忍自由表达的权利。因此，如果语言都可以产生结构主义，那么宪法就更有可能了。显然，宪法比语言更强调结构的整体性、可操作性以及相对的稳定性。宪法的自我调整功能，比语言更具有守恒性和一定的封闭性，因为宪法的最基本功能就是要求这个结构经过各种转换都不会超越结构的边界而导致结构的解体，因此通常宪法的修改只会产生属于结构内在规律的新意义。特别地，如果当人们对宪法的理解带有浓重的黑格尔意识时，宪法就很可能被视为走向真理的起始平台，在经过螺旋式上升后，它将达至绝对真理，完成结构主义的使命。

因此，我们说结构主义的错误不在于它是否灵活，而在于它最终追求的目标是绝对的。作者批判的仅仅是承认绝对真理的世界观，以及宪法可以经过不断修改至完美的这种企图。如果你有这样的企图，你就必然会在一个原始平台的基础上，试图经过一系列修修补补的行动往前走，时间久了就会产生一条越来越长的路径，就像生物进化的路径一样。这时社会的各种机体结构为了适应这条路径也会跟着发生进化，并逐渐定型。但如果这时你发现社会机体中肿瘤更能适应这种进化，而且比健康机体发育得更好时，你再想重新回到起点进行选择就已经行不通了，那时我们可能需要付出非常大的代价甚至不得不以暴力革命的方式除掉肿瘤。一只鸟已经进化到天上去了，它如果还想回到水里生活，难度当然很大。原来的平台，因为早已时过境迁是根本回不去了。中国人民共和国建国70年，前面按照"马克思主义结构"走了近三十年，生出了文化大革命这个毒瘤。为了除掉这个毒瘤，我们决定重新选择道路即改革开放，至今已经过了四十多年还没有做完这个"手术"。可见进行一次大的重新选择有多难。右愤会说，中国是专制的转型，与宪政根本就不是一回事儿。其实，如果你是承认绝对真理的世界观，两者就都会表现出结构主义的错误，只是在表现形式上有所不同而已。

实际上任何一种长期使用的语言都会表现出结构主义的错误，包括中文。人们早就发现用不同语言写出的文章是很难准确地相互对译的，这就是结构主义造成的。不同的人类文明体系的发展也存在结构主义问题，如作者在《说东道西》一书中指出的，西方文明基本上是侧重强调人的利己本能在社会治理中的作用发展过来的，而中华文明则基本上是侧重强调人的社会依赖本能在社会治理中的作用发展过来的，两大文明各有所长，各有所短，但要做到相互取长补短，并学出样子来那将是非常困难的。将会是一个相当漫长的过程。实际上我们当前的改革开放就肩负着这个任务。本书后面还将继续深入讨论这个话题。

相反对不承认绝对真理世界观而言，它追求的本来就不是社会问题的最终解，而是追求社会体制更大的灵活性以便在魔高一尺的时候，尽快地做到道高一丈。因此，在制定宪法时它强调的是变化的相互制衡，而不是稳定的权利制衡。这点在我们的未来改革中是非常重要的，也是我们思考的和创新的重点之一。

同样的道理，宪政民主过度强调了一人一票的普选作用，忽视了调动民众实际参与社会治理的积极性，是西方当前社会制度的另一个重大缺陷。这个缺陷在很长的一段时间里，妨碍了西方社会自组织程度的持续提高，使得西方社会治理长期"自觉"地停留在被动型他组织阶段，在民主进程上止步不前。关于这个问题我们将在后面进行重点讨论。

总之，用变去应变，克服结构主义的影响；用民众实际参与的自组织去制衡他组织，克服他组织的影响。将是我们思考未来社会改革的两个主要方向。

第三节 希望在哪里?

承认绝对真理的世界观给人们的认知造成的最大伤害之一是，它将原本相对简单的叙事变得极为复杂，将原本人人都懂的道理变成了人人都不懂的道理。本来一份付出一份收获，这是人们在日常生活中都懂的道理，但承认绝对真理世界观的所谓哲学家、社会精英偏偏要告诉人们有一劳永逸的办法可以坐享其成，然后用各种主义来证明各种各样的"永动机"的存在，直到把自己都说糊涂了为止。结果自然是以其昏昏使人昭昭，讲这些大道理的人最后连自己都不知道在讲什么，听的人更是云里雾里。这使作者想到了现实社会中普遍存在的一种现象，许多老人其实知道没有仙药可以包治百病，让人长命百岁，但他们还是反复被人忽悠，用省吃俭用节约下来的钱去买所谓的灵丹妙药。作者的丈母娘就是这样的老人，当你给她讲道理的时候，她也点头，好像也懂。一旦你不在，就总有骗子能见缝插针，故伎重演让老人再次上当。作者有时感到真的很悲哀，就这么一个简单的道理，我们面对面地向一个人讲明白都这么难，你要向所有的人，把所有的永动机骗局都讲明白那又该有多难呀！

其实冷静下来思考，这种现象也是可以理解的。毕竟承认绝对真理世界观已经统治我们的语言环境长达两千多年了，我们绝大多数人都是在这样一个环境里接受教育、相互交流的，即便是作者本人，不承认绝对真理世界观的树立也才是最近十几年的事情，在作者的人生阶段占比也只是小部分。你要让人将自己在长时间养成的思维缺陷通过一两件事情改正过来，的确是件不易做到的事情。因此，作者在《概念都不是绝对的！》一书的扉页上，写了这样一句话：他们统治这个讲台已经两千多年了，现在他们讲累了，听众也听厌了，该轮到我们来讲点新东西了。作者的目的是用这句话激励自己和其他已经转变或正在转变世界观的人，加倍努力去向更多的人普及新的世界观，同时也告诫大家，普及新世界观的工作将是一个长期而艰巨的任务。

作者不时被人问到这个问题，"你说中国的希望在哪里？"在当下这个被当权者描述为盛世前夜的氛围里，提出这样的问题，充分说明提问者是"先天下之忧而忧"的人，是有独立思想的人。读者会奇怪，你怎么把有独立思想与范仲淹的名句用在一起？其实作者所说的有独立思想是一个对当今知识分子很高的标准。在强意识形态环境里，虽然我们不能指望，也不应当要求大多数知识分子不为保住工作和争取升迁的机会讲几句违心的话，特别是在"民主生活会"的那种场景下，不攀炎附势，尽量保持沉默就已经相当不容易了。如果能在涉及国家和人民的大是大非问题上保持自己的思想独立，独立地提出问题、思考问题、探索解决问题的办法，就更难能可贵了。

面对"中国的希望在哪里"这样的问题，老实说作者真感到不好回答。因为作者不知道，提问者是怎么理解"希望"一词的。如果说，将中国与一个强马克思主义意识形态的执政党捆绑在一起，作者的回答是肯定的，即中国没有希望！或者说只有摆脱了被视为绝对真理的马克思主义，中国共产党乃至中国才是有希望的。如果同时，右愤也能摆脱对西方宪政民主的必然捆绑关系，则中国的希望就会更大一些。其实作者并不太担心当下的强意识形态回潮会持续下去，作者更担心的是那些有独立思想的人，把希望理解为提出某种能够使改革开放走出深水区确切的解决方案。如果真是那样的话，就说明我们的社会精英仍然在延续用一种主义代替另一种主义的思路，那我们的改革开放就很难言作者理解的希望，充其量是换一个主义的场景重新进行摸索。如果读者一定要作者正面回答中国的希望在哪里这个问题，作者只能说希望在我们大家的智慧里。当然，作者所指的希望是一个有更大抱负的希望，是能够融合中华文明和西方文明优点的，在不承认绝对真理语境下的希望。是靠大智慧，而不是小聪明构筑起来的希望。

至于眼下，为了传播希望，我们应当尽自己的努力更多地去做普及不承认绝对真理世界观的工作，为孕育社会的整体智慧做基础准备。

走在街上，道路两旁不时出现一些政宣广告，有宣传中华文明价值观如孝道、诚信、小家与大家关系的内容；也有宣传"社会主义核心价值观"的内容；当然还有"只有中国共产党能救中国"、"唱支山歌给党听"等颂扬中国共产党的内容。说起这些政宣广告那要比起文化大革命时期已经有很大进步，意识形态色彩淡化了很多，特别是马克思主义原教旨语录基本未见。作者仔细留意了一下广告中"社会主义核心价值观"的内容：富强、民主、自由、平等、爱国、敬业、文明、和谐、公正、法治、诚信、友善，脑子里马上产生了一个疑问，这些由中国共产党提倡的价值观怎么能与马克思主义挂上钩呢？如果光看这些内容，不看前面的形容词"社会主义"，你绝不会将它们与自称为信奉马克思主义的政党联系起来，完全是一种多元包容的社会追求。这比起鲜红年代的伟大领袖毛主席万岁、坚持无产阶级专政、将无产阶级文化大革命进行到底等等口号，简直是天壤地别。可见改革开放四十年后的今天，社会的确进步了。虽然，这些内容在前面被用"社会主义"加以了限定，解释权还是在共产党手里。但起码表明，中国共产党更愿意让别人对自己产生这样的印象，而不是马克思主义原教旨的印象。甚至这样的宣传是不是在向人民暗示，中国共产党将会以这些内容为目标推进改革开放呢？如果真是如此，那当然是中华文明之大幸，是我们生活在当下的这些中华文明的子孙的大幸。这样的联想很快一闪而过，因为作者依然能看到一些与文化大革命中的标语一般无二的内容，如"只有中国共产党能够救中国"，可以说在那个中国经济近乎崩溃的年代，作者最反感的就是这条标语。今天那些只看到了改革开放四十年的变化而没有经历过文化大革命的年轻人，对这条标语可能不会那么敏感。但作者不同，有一种被人推到水里差点淹死，然后又被他救起来，再对你说一句"要不是我救你，你就淹死了，还不感谢我"那样的感觉。是啊，我到底该不该对它说声"谢谢"呢？

自打文化大革命后期以来，作者再也没有喊过类似"中国共产党万岁"这样的口号，那时不喊可能更多的是情感上的原因，认为把社会搞成这个样子的党并不伟大，也不配那样的情感。记得只有一两次，在周围都喊的时候，迫不得已举了举手但仍然坚持不发出声音。反倒是在今天，当我每每看到这样的标语时，情感上的抵触远没有之前那么激烈了，甚至还略带些惋惜的感觉，都快百岁了还没有成熟起来，你自己的希望又在哪里呢？

下面我们回到上节留下的关于问卷的话题。对这三份问卷，作者的选择是：

问卷一，B，C，A；
问卷二，C，A，B；
问卷三，A，C，B。

首先还是要说明一下，作者答案不是所谓的标准答案，而且在不承认绝对真理世界观看来，这类答案也不可能有绝对的标准答案。因此，作者的选择只代表作者的思考。也就是说，如果读者也持不承认绝对真理世界观，你完全可能得出与作者不同的选择。而且不管你做出什么选择，你和我的选择都只是一种尽量减少社会风险的努力，它并不能保证可以必然地减少社会风险。当然，在选择时作者也是有自己的标准的，其中首要的标准就是去绝对化，即越是绝对的选项越是要排除在外，反过来越是有弹性的选项越优先。

先说问卷一。作者选择B，C，A，是因为在假定中国共产党坚持马克思主义意识形态的情况下，中国将回到科学社会主义路线，重新实行公有制改造和纯计划经济，中国当前的改革开放成果也势必会毁之一旦。普通老百姓也将再次生活在强意识形态下的"民主生活会"和"批判与自我批评"氛围里，苦不堪言。绝对的意识形态，必然导致绝对的社会退步。因此，作者将"坚持共产党的领导"作为最后的选项。至于为什么仍然把它作为选项之一，是因为即便这个选项也比整个社会突然失序这样的选项要好，况且中国共产党要回到马克思主义原教旨路线在现实中也不具有可行性。在共产党坚持马克思主义意识形态的情况下，所谓的探索社会治理新模式的可行性也极低，因为在这种情况下，新模式只是旧模式的新变种而已，改革开放是难以深入进行的。而且共产党越是顽固地坚持马克思主义理论体系，就越会进一步丧失主导改革的有利时机，随着经济增长临界点的逐渐到来，维系一党专制的成本也将越来越高，一旦"狼"真的到来了，共产党将会面临难以收拾的局面。因此，作者将其放在第二位。虽然作者一贯主张不要照抄西方的宪政民主模式，并特别反感政党政治，但毕竟在这种选择下，变化的空间要比坚持马克思主义意识形态的选择大，而且有宪政总比没有宪政防止社会大乱的可能性要大，因此作者将其放在第一位。

其次来说问卷二。作者选择C，A，B是因为，C相对于A来讲，意味着中国共产党具有更高的自觉性和主动性去践行改革，这可能比被动地摸着石头过河更有产生创新成果的希望。而选项B，是绝对世界观影响最大的选项，所以放在最后。

　　选项C和A是近似的，似乎从表面上看仅仅是积极和消极的区别，但这种积极与消极的差异可能代表的是在世界观问题上的更大觉悟，代表着实现创新的更大机会。实事求是地说，在长期习惯于按照固有思维模式去思考的情况下，不管左愤还是右愤都很难跳出旧的套路去大胆地创新。而这个旧的固有思维模式最大的特征就是确定思维：世界有确定的起源和确定的归宿、人类社会有确定的问题和针对这些问题确定的解决模式。他们在思考未来社会体制时，难免沿用旧的设计思路，脑海中浮现的总是一幢宏伟壮丽的大厦。因此，他们最容易忽略的，也恰恰是人类社会治理最需要解决的，那就是如何应对不断变化的，随时随地可以产生的社会问题，那些组成宏伟大厦的结构和一砖一瓦，在支撑大厦的同时，也是大厦的隐患和破坏者。例如，直到今天大多数人仍然相信，西方政治家口中的价值观诸如人权、平等、自由、公平、正义等等，就是普世价值。随着这些普世价值理念的灌输，人们忽略了这样的事实，即任何一种普世价值观，一旦走过了头就会走到价值的反面成为社会的问题，正如我们在前面指出的马克思主义的错误实质就是在平等问题上走过了头；自由主义的错误实质是在自由问题上走过了头。因此它们在极端的情况下其实不仅不能成为社会问题的解决方案，给社会带来价值，还会成为社会需要解决的对象，给社会带来负担。一部在当前看来很好的宪法，可以有利于良好社会秩序的建立，但当它长期保持不变，或仅仅小变不大变，它就会成为新的腐败生物的稳定温床，最终沦为社会的问题核心。中国有句谚语：流水不腐户枢不蠹，意思是说不断流动的水不容易腐败，常处于运动状态的门轴端点不容易被虫蛀。其实，这也是我们思考未来社会体制建设的主要方向。当然，我们要做到能想、敢想、并有大的创新的前提是，首先是转变自己的世界观。也只有在转变了世界观的基础上，我们才会有创新思维的主动性和自觉性。

在答卷二中，作者之所以仍然把B作为一个选项，还是基于那个考虑，即社会有序总比无序要好。

最后来说问卷三。问卷三作者的选择是A，C，B。从根本上说，社会问题产生于民众；社会问题的解决也取决于民众。西方的政治家也早就意识到这一点。虽然他们也强调民主，但他们更相信自己的哲学观。所以民主按照他们的理解，更像是一个由精英们不断地研究正确方案，由民众不断地进行选择的过程，显然在这个过程中，精英才是真正的主角。而在不承认绝对真理世界观看来，根本就没有所谓的政治的绝对正确，当然也不会有用一揽子解决社会问题的方法，要稳定地，及时地处理社会问题，更可靠的办法是提高社会的自组织程度，调动广大民众的智慧，依靠他们的普遍参与。要做到这一点，将我们说话、讨论问题的语境由承认绝对真理世界观转变成不承认绝地真理世界观显然是首要任务。

在问卷三中，作者之所以将C作为第二个选项是因为，在当前体制下社会起码还可以保持相对的稳定，在谁也提不出能让大家普遍接受的解决方案的情况下，保持社会的基本稳定作者以为是要首先考虑的。社会保持稳定，想必也是将来我们可能思考出的很多方案可以实行的前提条件。这中间也包括作者对共产党放弃马克思主义意识形态的一点期望。共产党员加上共青团员，这毕竟是一个成员数量过亿的团体呀，对他们保留希望并不奢侈。

根据前面的讨论，下面我们对两种世界观对待社会治理结构的不同认识进行一个小结：

一、对人类社会未来状态的认识：承认绝对真理世界观认为，人类社会有一个理想的稳定的最终状态；不承认绝对真理世界观认为，人类永远都需要为人类社会在各种治理要素之间的合理的动态平衡努力奋斗。

二、对社会问题和问题之解的态度的认识：承认绝对真理世界观认为，所有社会问题可以被最终解决，不管是问题还问题的解都具有绝对的确定性，我们的任务就是探寻最终解；不承认绝对真理世界观认为，不管是社会的问题还是问题的解都是在一段时间内的随时变化着的存在，问题和解都不是绝对的概念，问题中包含着解，解中也包含着新的问题，问题和问题的解永远相生相伴。

三、社会治理结构的基本思路：承认绝对真理世界观认为，解决社会问题的最好方法就是找到最终解决方案，即越来越完善的稳定的治理结构；不承认绝对真理世界观认为，社会问题没有一劳永逸的解决方案，我们只能采取以变应变的方法，构建能够及时对社会问题作出反应的充分灵活的治理机制，而且这种机制应当建立在相当高的自组织程度基础上。

通过对比，我们不难发现，表面上好像承认绝对真理世界观眼里的世界更美好，因为那里有一个人间"天堂"，人们一旦到达天堂，所有问题就都没有了。而在不承认绝对真理世界观眼里的世界要艰辛得多，那个世界什么也不能承诺给你，只能告诉你一分奋斗，一分收获，而且即使奋斗了，还不能确保收获。但现实告诉我们，后者才是真实的世界。也正因为它是真实的，所以美才真实，希望才真实。

通过对比，我们还可以得出结论，人类社会的所有问题最终都可以归结为我们对世界本质的认识，两种世界观代表着两种根本不同的治理理念，只有当我们的社会主流意识形态转变为不承认绝对真理的世界观，我们的社会才能够保持一种更可持续的秩序。这种秩序仍然会乱，但出现大乱的可能性较小；这种秩序仍然会不断地涌现新的问题，但问题及时得到缓解的可能性更大；这种秩序仍然会存在矛盾和冲突，但这些矛盾和冲突被运用智慧加以化解的机会更多；这种秩序为人们提供的服务仍然会有不够周到之处，但当你真的在通过自己的努力提升生活品质时，它可以提供更多的便利条件。作者以为这可能就是我们对未来社会的期待吧。其实，这也是我们在生活中常常可以感受到的情景，当你的目标定得很现实，是与你的能力和付出相适应的，那么你的目标实现的希望也就越大。

第四节 什么叫合理?

在之前的讨论中,我们多次提到,未来社会治理的任务是实现所有社会治理要素之间的合理动态平衡

什么叫动态平衡呢?其实,任何有序的事物都可以视为是动态平衡的结果。如果把定义再放宽,我们甚至可以去掉有序的限制,将所有事物都视为动态平衡的结果。包括表面上看上去杂乱无章的东西,如袅袅飞散的烟雾,因为如果烟雾完全没有序我们也不可能看到它,更不能用袅袅飞散来形容它。

读者立刻会问,那你怎么能用动态平衡来描述未来社会的状态呢?因为按照你前面的解释,社会在任何时候都是动态平衡的结果,昨天是,今天是,明天也会是;好也是,坏也是;治理也,不治理也是。

我们使用动态平衡来描述事物的状态是为了区别两种世界观对事物本质的不同认识。承认绝对真理世界观认为事物可以是绝对有序的,绝对确定的;而不承认绝对真理世界观则认为所有事物都是确定性与不确定性共同的载体,即确定性与不确定性之间的动态平衡。而我们对未来社会的描述是在动态平衡前加了一个形容词"合理的",显然,合理才是我们对未来社会治理提出的要求。

那什么叫合理呢,有没有什么标准可以参照呢?

当然有标准,但所有这些标准都不绝对,或者说都要合理运用。

你怎么又把话说回来了,用合理的标准定义合理的动态平衡,不是废话吗?

并不是废话，其实作者故意绕了个圈子就是想向大家说明，我们的世界，我们的社会在本质上就是这么矛盾的。从根子上说，我们的社会问题产生于人的本性，我们的解决办法也产生于人的本性，问题和解同源同根，甚至有时问题即解，解也是问题。这才体现出社会治理的难度，问题和解永远相伴相随，社会治理也永远都需要付出努力。当然，在这里我们强调社会治理的难度，并不等于说社会没有治理的可能，治理没有意义，仅仅是想再次强调社会治理没有一劳永逸的解决方案。

从中文"合理"一词的字面去理解合理的含义，合理即所有社会治理要素大家"合"着一起去参与社会的治"理"，团队配合，协同作战，缺一不可。承认绝对真理世界观为什么治理不好社会，因为它总是强调所有治理要素中某一要素的作用，搞个人英雄主义，甚至还把其他治理要素当做敌人加以排斥和打击。例如，马克思主义强调平等，打击自由；自由主义强调自由，打击平等。这不仅不能实现社会的有效治理，还凭空增添了敌人，破坏了社会秩序。

当然在社会治理中，各个治理要素的协同作战要比一只军队各个单位之间的协同作战复杂得多，这主要表现在社会要素在协同作战的同时，还要监督自己的"战友"，提防战友冒出坏心眼，伤害自己。出现这种情况是因为人本来就是自矛盾体，即问题和解同源。人类社会作为由人组成的系统，自然这种自矛盾特征就表现得更为复杂。

对待关于"合理"的思考，我们同样需要用谱思维的方法，即将合理视为确定性与不确定共体的谱结构，它一方面可以根据当前的环境和条件进行带有确定性的描述，另一方面我们又不能将这种描述的确定性任性地加以扩大。下面我们就通过两个例子帮助读者加深对此的理解。

还记得我们在前面曾举过的卷尾与狐獴合作的例子吗？显然，如果卷尾和狐獴双方都可以在一定程度上接受这种合作关系，那么这种合作关系就会动态地持续下去，卷尾可以在食物紧缺的时候从狐獴那里获得一定的食物来源，而狐獴可以从卷尾那里获得及时的警戒服务。这种关系在一定程度上说对卷尾和狐獴都是合理的。但显然这种合作在现实中不可能很稳固，因为从卷尾的角度说，总是有更加贪婪的卷尾，想用较少的警戒服务换取更多狐獴的食物，因此它们会更频繁地使用假的报警信号。狐獴自然不是傻子，它们有自己的价值观，当它们发现卷尾过于贪婪时，就不会再理睬它了。原来双方的动态合作关系就会因为某些卷尾的过度贪婪导致瓦解。此时，面对这一局面，不同的卷尾个体会产生不同的应对方法，智慧点的卷尾会珍惜这种合作关系，改正自己贪婪的做法，努力用更多的诚实警戒服务赢回狐獴的信任。而更自私的卷尾会继续耍小聪明不断将自己的骗术花样翻新，如模仿狐獴自己的报警声音，骗取狐獴的食物。但只要是单纯的骗，狐獴就总有识破的时候，最后导致贪婪的卷尾与狐獴的合作关系终止。换一个角度，站在狐獴的立场上说，也会有更"聪明"的狐獴既想利用卷尾的警戒服务，又不想以自己的食物作为补偿，当然它要这种聪明的代价也许会很大，因为卷尾可能会以故意遗漏真警报的方式施以报复。

　　我们从卷尾和狐獴的上述合作关系可以看出所谓合理的含义。卷尾和狐獴可以达成一定的协作关系，是因为从对价的角度说这种合作是基本合理的，卷尾为狐獴提供警戒服务，偶尔骗一下狐獴获得食物，而狐獴虽然失去了食物，但由于卷尾的服务减少了生命危险，各取所需，因而在此基础上它们之间的合作关系能实现有条件的动态平衡。但这种动态平衡关系并不稳定，因为卷尾有欺骗行为，而且这种欺骗行为具有很强的随意性。也就是说卷尾和狐獴的合作同时包含了不合理性。

上面这个例子告诉我们，利益大致对等是合作能保持动态平衡的基础。

显然在上述例子中，卷尾和狐獴的合作关系不可能是稳定的，原因大致有：1、环境的不确定性决定了卷尾和狐獴都无法稳定地评估食物的紧缺性，因此对卷尾来说，它无法准确评估真警报与假警报的合理比例；对狐獴来说，它无法准确评估在多大程度上去戏弄卷尾，还是被卷尾戏弄；2、卷尾和狐獴的个体差异也决定了卷尾和狐獴的这种群体合作模式具有高度的不确定性，即尽管有些卷尾或狐獴意识到诚实或甘愿被骗的必要性，但它们的努力会很容易被其他更贪婪个体的行为所破坏；3、不管是卷尾还是狐獴，一旦它们发现了有其他更好的取食或警戒办法时，都会放弃或减少对这种带有欺诈行为特征的合作方式的依赖。因此，提高合理性是保持合作的关键因素。下面再举一个例子。

秃鹫大家都知道是一种很自私的食腐动物，它们可以为食物争得你死我活。梳理羽毛是鸟类的日常功课，特别是当羽毛沾染上腐肉的油污时，更是要及时梳理，否则会影响飞行，关乎性命安危，特别是像秃鹰这样的大型鸟类。但在梳理羽毛时，有些部位秃鹰是自己梳理不到的，例如头部和颈部，我们会发现此时秃鹫们会相互梳理，而且很认真绝不马虎。诚实换诚实，周到换周到。不管之前它们为食物如何争斗，但在帮助对方梳理羽毛时却表现得尽心尽力。因为它们都知道，这是一种合理的等价交换。因此，秃鹰间相互梳理羽毛的合作关系可稳定地保持。

在自然界中类似这种合理的动态平衡合作关系的例子还很多，其中最典型的要数昆虫与植物授粉的合作关系了，它们之间的合理的动态平衡合作关系甚至保持了数百万年之久。比人类的历史还要长。那是不是说，类似这种合作关系越稳定越好呢？并不一定，因为当这种合作关系稳定下来后，合作的双方会越来越单一地依赖这种合作关系才能生存下去，一旦合作的一方出现问题，如昆虫大面积死亡，或提供花粉、花蜜的植物大面积死亡，合作的另一方也会受到致命的牵连。也就是说合作关系的确定化，会导致合作双方适应性的降低。从这个意义上说，人的适应性在地球高等级生命中算是最强的，虽然人与其他生命的合作关系非常广泛，但通常不会很强地依赖某一种合作关系，因此选择余地更大。这可以说是人的一种优势。但人的这种优势，反映到社会治理问题上就是某种意义上的劣势了，因为你很难把握许许多多治理要素之间合作的度，实现合理的动态平衡。

我们可以为评估动态平衡的合理性建立一些标准，例如，合理的道德标准和政治标准，如诚信、平等、信息透明、守序、已所不欲勿施于人等等。在前面举的卷尾和狐獴的例子中，因为卷尾在合作中有道德瑕疵，所以它们之间的合作难以稳定。但不管你如何建立这些标准，这些标准本身也都不是可以准确描述的东西，它们自己也需要另外的标准去评价，因此最终我们要评价"合理"的合理性，更多的只能靠每个人去悟。由于所有关于社会治理的问题的实质，都可以归结为我们对人的本能的认识，因此我们领悟动态平衡的合理性，找重点也应该放在对本能的理解上，如此我们可以得出一个大的原则性结论：只要我们的行为符合既利己也利他的的标准，通常它就是合理的。这里我们所说的利他还不能是特定的"他"，例如在权力寻租现象中，行贿和受贿行为都是既利己也利他的行为，但这种行为显然不利社会。因此这样的既利己也利他的行为不应被视为合理的。或者我们将既利己也利他的表述改为既利己也利社会可能更恰当一些。

我们将既利己也利社会称为智慧的利己，为的是着重强调智慧的关键作用。很多人将聪明和智慧混为一谈，其实聪明和智慧是有着本质不同的，关于这点作者将在合适的场合通过大量例子加以详细讨论。我们大致可以这样说，所谓智慧的利己是站在兼顾社会整体利益的立场上，去维护和扩展自己的利益。因此智慧的利己具有眼光更长远、更看重自身利益的可持续性和稳定性、更注重培养有利于自身利益生存的友好环境等等特点。智慧的利己通常是由利益主张者产生，它一旦产生通常会使包括主张者在内的不特定的他人受益。这句话是什么意思呢？既然智慧的利己是一种利己行为，它应当是由该行为者产生的。与此同时，智慧的利己既然是兼顾有利社会的利己行为，那么它一旦产生就应当有利于我们大家，当然也包括行为人自己。例如，我们说邓小平开启改革开放表现出的是一种极大的政治智慧，是因为邓小平改革开放既利社会也利共产党自己。反过来看，我们今天某些强意识形态回潮的做法，表面上好像是美化了共产党的形象，是为了巩固共产党的领导，但因为这种行为是不利于社会进步的，因此从长远看也自然不利于共产党自己。这种行为不仅谈不上智慧，甚至可以说是愚蠢。

上述对智慧的讨论表明，为了让社会治理过程产生出更多的智慧，我们就需要增加产生智慧的主体，即实际参与社会治理的人群，这个群体越大产生智慧的机会也会越大，这也是我们在社会治理过程中强调提高自组织程度的重要原因。当然这个机会的大小与行为人的世界观有很大关系。因为如果行为人是持承认绝对真理世界观的，那么他的参与不仅不会有利于智慧的产生，还会妨碍智慧的产生。这也是我们反复强调未来的社会治理体制应当在不承认绝对真理世界观语境下建设的重要原因。从上述讨论我们可以体会到两种世界观围绕社会治理问题在思路上的根本区别：承认绝对真理世界观社会治理的思路是围绕探寻最正确的治理方案展开的，而不承认绝对真理的社会治理思路是围绕如何产生既利己也利社会的智慧展开的。因此，后者比前者更强调自组织程度的提高，是更有利民主实践的社会治理模式环境。在这样的环境里，不管是产生于西方文明利己文化的价值体系，如平等、自由、公平、正义、法制，还是产生于中华文明社会依赖文化的价值体系，如中庸、和谐、诚信、孝道、仁义等都可以获得更大的作为空间。因而既适用于以中华文明为背景的社会，也适用于以西方文明为背景的社会，有利于实现这两大文明的优势互补，当然也就有利于未来国家间的和平相处。

围绕智慧综合来自两大文明的价值体系，就需要按照智慧的要求给这两大价值体系注入新的内容，对来自原中华文明的价值体系而言，需要注入合理利己的内容，强调有利社会的同时也要兼顾利己，不能只强调有利社会克制利己；对来自原西方文明的价值体系而言，需要注入合理的利大家利他人的内容，在强调维护自身利益的同时也要兼顾社会的整体利益。特别是要强调在价值体系内各个要素之间的相互兼顾，不能以主义的形式只强调单一要素的作用。如此，我们才能实现社会秩序的合理的动态平衡。

第四章 大家一起来想办法

第一节 我们该相信谁？

在前面的讨论中，我们指出一个社会的进步取决于这个社会整体的智慧水平，或者说践行既利己也利社会的能力。而要提高社会的整体智慧水平的关键是调动广大民众直接参与到社会治理的实践中，从而激发出蕴藏在民间的智慧。这其实就等于说，社会的进步在很大程度上取决于社会自组织水平的提高。那为什么这个并不深奥的道理在现实中却鲜有实践呢？是受制于社会信息流通的局限，如果广大民众不能获得有关社会状况的真实、充分、有效的信息，他们当然也就无从谈起直接参与社会系统的组织了，即便参与也更多的是添乱，增加内耗。

前一段时间一部多集的纪实性宣传片《厉害了，我的国！》很火，似乎也在相当程度上实现了它所要达到的目标，激发民众的爱国热情和对中国共产党领导的信心，特别是提升了本届中共领导人的形象。但作者在观看了这部宣传片后却感受到一种强烈的担忧。本来在极度落后的情况下，通过努力学习西方先进技术大大提升了本国制造水平，却被别有用心的少数政客进行夸大宣传，用来树立自己的个人权威；本来是中国共产党几届领导人几十年坚持改革开放持续努力的成果，却被浓缩到某一届领导人身上集中宣传；本来是科研人员在几乎零起点的基础上，通过逆向工程学习仿制，国产替代，再部分创新，实现的阶段性成果，却被添油加醋地描述为世界先进水平，甚至领先水平；本来是部分领域的小范围突破，却被放大成大面积的系统突破等等。以致这样一部看上去很爱国很正能量的宣传片，实际上换来的更多的是民众的民粹主义情绪和领导人的虚荣心。

我们知道，真正的爱国情操与民粹主义的最本质区别在于：爱国情操具有更多的理性思维，在对待国家利益和个人或集团利益关系上，更多考虑的是国家利益，在对待国际关系上更多地是运用智慧的方法去争取他国人民对本国发展的理解和认同；而民粹主义的特点是狂躁的利己心态，在国际关系上往往不顾其他国家人民的感受，要么在顺利时表现出一种非理性的优越感，要么在不顺利的时候表现出一种不理智的暴躁。因此，表面看上去民粹好像很正能量，但实际上它是很负的能量，因为对内它很浮躁，把很多人特别是我们的年轻人的心态搞坏了，认为我们面临的许多困难可以仅凭一腔热血就可以搞定，不愿意下苦功夫去踏踏实实地工作，遇到一时难以克服的困难又会像泄了气的皮球一蹶不振；对外它又会恶化我们的国际环境，积蓄敌意。通常在不极端的情况下我们很难区分爱国和民粹之间的差异，在一些场合我们甚至可以将民粹理解为极端的爱国情绪，因此作者反对用爱国主义这个词来概括爱国情操，因为一旦爱国被上升到主义的程度，它很可能就带有了很重的民粹色彩。

在实践中，各种主义也往往利用民粹思潮作为推行极端意识形态的工具。例如，《厉害了，我的国！》与其他一些类似的大力度宣传片可以说就是为了配合中共十九大推进强意识形态集中订制的，与随后召开世界政党大会宣传十九大精神、派工作小组到世界各国介绍中共经验和高规格纪念马克思等一系列活动是相互呼应的。这种主义加民粹的做法无疑极大地破坏了我国的国际环境，不仅抹黑了中国改革开放的形象，也损害了中共自身的执政基础，更要命的是使广大民众沉浸在一种盲目乐观的情绪中，对未来将要面对的困难准备不足。爱国表达的是一种人类共同的情怀，是一种既利己也利他的智慧；而民粹宣泄的是一种极端的利己情绪，是一种既难以利己更不能利他的愚昧。

上面这个例子似乎为右愤提供了一个口实，看你自己也不得不承认专制下的新闻媒体是不可信的吧，那你为什么还为这种体制辩护呢？的确作者在上一章的问卷中是给中共投了票，但那是在假定中共不坚持极端意识形态条件下投的，如果像这样利用新闻媒体开足马力为强意识形态鼓噪的话，作者是不会为它辩护的，因为这将把国家带入万劫不复的边缘，是极其危险的。

但是对于右愤的得意，作者反问右愤，难道你们认为西方的新闻媒体就是充分可信的吗？对此作者讲讲自己亲身经历的例子。大约四十多年前，在文化大革命期间，作者曾是一位"美国之音"的热心听众，借助一台带有短波的收音机，从嘈杂背景声中时断时续地收听"美国之音"发布的新闻。因为那时中国的官方新闻报道的外部新闻要么是第三世界国家反帝、反修的斗争如何在如火如荼地进行，要么是资本主义国家发生的连日不断的罢工和示威游行，以及这些国家一边是资本家在倾倒生产过剩的牛奶，另一边是广大工人生活在水深火热之中的场景。至于国内新闻，无非是阶级斗争的新阶段和"工业学大庆、农业学大寨"的新成就。总之，都是在向人民传递这样一个信息，"敌人一天天烂下去，我们一天天好起来"。随着文化大革命的深入，不仅我们并没有一天天好起来，反而大量从小道流出的消息更多地显示国民经济状况越来越坏。那时因为新闻封锁，许多信息很难从官方报道中获得，只能以民间的口口传递的方式传播出来，人们将这种非正常渠道获得的消息统称为"小道消息"。小道消息通常传递的都是官方不愿报道的负面消息，尽管也是真真假假很难辨识，但国家的总体形势到底是变好了还是变坏了，人们心中自有评判，因此时间久了人们特别是知识分子更倾向于将小道消息视为真新闻，将官方新闻视为假新闻，当然时事报道新闻除外。也正是在这种情景下，一些人开始收听"美国之音"，这在当时可是要顶着收听敌台罪名的。但"美国之音"听多了，你会发现其新闻价值也不大，仍然是同样的套路，即"敌人一天天烂下去，我们一天天好起来"，不同的是敌人和我们调了个。关键是"美国之音"发布的很多消息最后往往也被证明是假消息，而且还是被中国官方消息证明的。其实，对于当时的许多有独立思考能力的人来说，他们真正关心的是信息的真实性，而不是意识形态的对和错。改革开放后，我们再回头看这段历史，你会发现基于意识形态的夸大甚至造假在双方都普遍存在。

时间再回到大约二十多年前，不知从什么时间开始作者突然不断收到一种传真电话，接通后你会收到一些"真实"的国内新闻，当然都是些负面消息，有鼻子有眼，也有准确的时间地点，甚至还有相关涉事人员的真实姓名。发传真的人似乎认定我会对这些新闻感兴趣，实际上作者也的确感兴趣，因为作者对所有有关国家的大事情都会感兴趣。作者当然明白，这种新闻传播是受某些政治势力刻意资助的，否则成本这么高，而且不会产生直接的经济效益，谁会这么做呢？尽管来历不明，但对这样的新闻作者不会拒绝，当然前提是要真实。但遗憾的是，作者经过仔细核实后发现几乎所有这些新闻都严重失真，要么是一方的片面之词，要么就是故意的遗漏，甚至是精心策划的造假。总之，没有一条新闻可以称得上是公认标准的新闻。后来作者对这种免费提供的新闻服务干脆就不再理会了。联想到今天有些西方政客指责中国政府干涉他国选举和内政，作者真是感到很可笑，完全是一百步骂五十步，典型的利己文化的表现。当然，作者这样说绝不是为中共大张旗鼓地对外宣传十九大精神作辩护，那种行为的确很愚蠢，也不应该。作者要说的是，西方政客的指责本身的虚伪性，前者的愚蠢对比西方政客的作为，充其量只能说是以其人之道还治其人之身，只不过做法不够高明罢了。

总之，在强意识形态环境下，例如冷战时期，任何一方的新闻媒体的可信度都非常低。因为，在强意识形态下，人们主观上就有一种强烈的意识，对方的信息真的也是假的，己方的信息假的也是真的。

相对客观地说，当下西方新闻发布的自由度要明显高于中国，公共信息的流通也更加透明一些。出版物的发行上西方也要比中国宽松得多。总体上说，在统计资料的发布上，作者更愿意相信西方媒体的统计资料。因为西方的统计者的独立性更强，它们更多的是靠诚实吃饭而不是靠政府吃饭。另外，像街头采访等直播类节目，作者明显地更相信西方媒体的报道。道理很简单，因为在专制体制下，新闻报道能够播出的前提就是要符合新闻管制的要求。所以街头采访即使采访者想尽力客观，被采访者也敢于讲真话，播出时也会被裁剪掉的。与其这样，还不如直接问主管人想问的问题，答官方想答的答案，起码工作效率高，更主要的是新闻这碗饭基本上属于官饭，从业者需要保住自己的饭碗。

关于官方新闻，不管是在中国还是在西方，作者都不会完全相信类似这样的说法，"反腐没有人可以例外"，因为作者知道政治永远都需要止损，否则任何政权都无法持续下去。这里举一个很有意思的例子，前些时候有一部反腐题材的电视剧《人民的名义》热播，社会反响也很好，看上去也符合当时官方营造的反腐氛围。但奇怪的是，官方宣传部门却内部下令不让这部电视剧重播，原因是剧情里的腐败分子太嚣张过度，丑化了党的形象，其实更重要的原因是，有人在剧中提出了将党的一把手纳入直接监管体系内，不得有例外的改革要求。这显然超出了强调党的绝对领导的这个底线，因此被禁止重播。这个例子说明，不管官方如何宣示自己的反腐决心，如何展示反腐成果，但事实是在一个强调绝对权力的政治环境下，任何反腐都不可能是彻底的。当然作者也不会完全不相信官方的新闻，因为既然为官就总要干点实事。我们也应当承认本届政府在反腐这个问题上的确做了很多工作。

无论是在中国还是在西方，作者都不会相信任何政党在攻击其他政党时自己是清白的，不会相信任何政党在慷慨激昂地揭露其他政党丑陋面孔的时候，自己没有可以被揭露的丑恶。

不管是在中国还是在西方，作者都相信有一些正直的人能够勇敢地讲真话，调查事件的真相。而且，不管是在中国还是在西方，普通老百姓都会对讲真话，调查真相的行为表示尊敬。但同时作者认为，任何一个人或组织如媒体，如果具有稳定的向其他人发布信息的能力，那么这种信息就有被失真的可能，而且这个人或组织发布信息的能力越强，发布信息的地位越稳定，信息被失真的可能性就越大。这里解释一下被失真的意思，通常一则信息在传递过程中难免会产生失真，这种失真是由事物本身就不是绝对确定的这个普遍规律所决定的，就像我们照镜子必然会产生失真一样。但有一种失真是信息发布者为了自身利益故意扭曲信息造成的，我们称这种失真是被失真。我们很多人被西方媒体误导，天真地相信媒体是西方民主体制下的第四个支柱，它对政府、议会、司法体系起着制衡和监督作用，作者并不否认新闻媒体的确有制衡其他权力机构的作用，有揭露和减少这些权力机构腐败的效能，但作者在此要强调的是，新闻媒体同时也是第四只狼，它自身也产生腐败，在很多时候它的作为更像是在与其他三只狼争食，而不是起着善良的护羊人的角色。甚至我们可以说，新闻媒体比其他权力更容易腐败，因为发布信息自身不仅是一种权力，而且这种权力天生就以谋取直接的经济效益为目标。关于信息人们特别需要警惕的一点是，不管是官方还是媒体，它们都会利用自己的优势，刻意地去强调自己的发布才是真实的，对此普通老百姓应当随时提醒自己，面上的真实与背后的真实永远都是两回事儿，任何真实都有被真实的可能。虽然，我们不能让自己陷入阴谋论中，毫无根据地怀疑一切信息发布，但对所有官方和媒体信息保持足够警惕是完全必要的。当然，这里的官方和媒体不仅仅指中国的官方和媒体，也包括西方的官方和媒体。

有读者会说，随着现代信息技术的发展，人们完全可以通过微信、互联网进行信息交流，我们完全可以绕开官方和媒体新闻，起码可以对官方和媒体新闻的真实性进行识别和监督呀。遗憾的是，由微信、互联网产生的新闻和信息同样回避不了利益的缠绕，同样也不足以相信，甚至更不可信。这是因为：1、官方新闻多少还要讲一点公信力，否则此官就会失去掌权的基础。相反网络新闻和微信消息则不用背负这样的压力，责任心要弱很多。2、传统媒体也需要讲一点职业道德，毕竟它们是吃这碗饭的。而民间新闻没有或缺少这种职业素养。3、大多数官方新闻只有官方的渠道才能获得，当官方想把新闻做真的时候，它自然会比所有其他渠道获得的消息更真，这就会出现我们常见的那种现象，当官方真的出手要戳破某些假新闻时，往往既有理也有力，而被戳的那一方根本没有招架的能力。而当官方不想把新闻做真的时候，它完全也可以以假乱真，反过来你要想戳破这样的假新闻可就困难得多。4、官方和传统媒体具有强大的信息收集能力，这是破碎化的民间信息收集能力远远不能相比的，因此民间信息也就自然容易表现出类似管中窥豹的先天不足。5、民间信息发布同样也不能完全摆脱利益的纠缠，特别是当网络媒体、自媒体也已然成为了一种盈利模式后，它就很容易变成一只更加贪婪的新狼。因为这时它可以乘着监管和立法的相对滞后，利用层出不穷的技术手段，疯狂"进餐"。

虽然网络新闻明显比传统媒体具有传播速度上的优势，但由于上述原因同时也比传统媒体更加不可信，更加无序。例如，传统媒体为了增强对读者的吸引力也强调新闻标题的作用，但到了网络上这种强调就发展成了"标题党"，完全不顾新闻的实际内容，用各种"奇思妙想"的标题把小新闻变成天大的新闻爆点，因为标题党的目的不是传播新闻，而仅仅是赚取你的点击，只要你通过标题点击了该新闻，它就可以间接获利，目的也就达到了。至于新闻本身的真实性、社会价值、甚至网络媒体的可持续发展和自身形象都是次要的，因为对那些疯狂的资本来说，它们只要能在一个相对短的时间内挣够一定数量的点击数，使它们能在资本市场上编出一个"好"故事，达到上市或转售的目的就算大功告成了。又例如，我们在几乎所有网络媒体上都可以看到一种"常驻新闻"的现象。通常我们理解的新闻强调的是一个"新"字，因此新闻的流动性很强，一般都是每天更新。更让人难以理解的是这种常驻新闻往往是一些本质上不能算是新闻的信息，如"某某公司女老板与比自己小很多的男下属发生了……"、"足彩十猜就中"这样的新闻。当你有一天终于带着好奇之心想探究为什么这样的新闻会停留如此长的时间时，你会发现里面就是一大堆不入流的黄、赌、毒网站。显然，这类常驻新闻就是虚假甚至是违法广告窝。作者相信这些网站经营者是知道这些常驻"新闻"的存在的，因为他们要从这些新闻的发布者那里收钱，因此他们实际上就是这类违法行为的共犯。这种发布虚假广告的方式与传统媒体直接发布虚假广告的方式，从手段的拙劣程度上和对社会的危害程度上可以说难分伯仲。

如此说来说去，那我们又能信谁呢？

作者只能说，更可信的是我们自己。通常情况下我们自己当然比其他人更了解自己，更有权发布关于自己的信息。如果公共信息系统的信息是由我们每一个人自行发布的点信息汇总产生的，那么这样的公共信息可信度自然是高的。但这还必须是在我们发布自己的真实信息更有利于改善自己的处境情况下才成立。试想如果我们讲关于自身情况的真话会给自己造成危害，谁又愿意讲真话呢，从听者的角度说谁又敢相信这种真话是真的呢？也就是说我们必须建立这样一个信息系统，它可以为我们每一个人及时地发布自身信息提供技术手段上的保证，同时它还充分地为每一个人提供安全的保护，使每一位信息发布人不会因为发布自己的信息受到任何伤害包括被法律追责和政治迫害。这个信息系统应当是对每一个人都充分平等的，他们既有平等的信息发布权，又有平等地了解经系统汇总后的社会整体信息的权利。

综上所述，我们要想从根本上推动社会的进步，提高社会的自组织水平，一个首要的任务就是想办法切实有效地提高公共信息流通的真实性和有效性。如果这个问题解决不好，那么大幅提升自组织程度也就无从谈起。这也是我们将在下节重点讨论的内容。

第二节 办法来了！

上节我们谈到，要想通过提高民众直接参与社会系统组织的程度，首先就要克服信息交流的难题，只有让普通老百姓随时可以了解整个社会的真实或真实度很高的信息，才有可能大幅提高民众实际参与社会系统组织的积极性和可行性。显然按照这一要求，所有当今的信息交流模式包括新媒体都是不符合标准的。因此，要想提高社会系统的自组织水平，就必须在信息交流手段上有大的创新。

容易想到的是，人们通常认为的最真实信息就是发生在自己身上的信息，但问题是当一个人将自己的信息发布给另一个人的时候，对另一个人来说这个信息就变成了不可靠的信息了，即人们通常只相信自己的信息，不相信或不太相信其他人的信息。原因很简单，出于自我保护心态，人们通常会对其他人的信息保持警惕，防止受骗。例如对两个或若干个相互了解的人来说，当其中一个人意识到自己的信息会对另一个人产生有利于自己的影响时，他很可能会故意发布不真实的信息以获取利益。当然，这种情况也可以发生在一个人对不特定的人发布自己的信息时，如在网络上经常出现的虚假募捐事例。有的人知道社会上总会有善良的人同情现实生活中的弱者并提供帮助，因此他们故意发布自己如何困难无助的假新闻以骗取善意的捐助。要有效避免这种情况的发生，就要求在信息发布环节做到信息的发布与具体发布人的准确位置进行阻断，也就是说从信息接收的一方得到的是社会系统的一个真实的信息，但是不知道这个信息实际对应的是哪些具体的人。这样做的好处是，既可以在相当程度上保证社会信息的真实性，也可以防止别有用心的人利用信息的发布行骗。当然，这样做的缺点是，我们不能利用这种信息对真的需要帮助的人提供及时的援助。有人会说那这种信息的发布又能有什么社会意义呢？当然有意义，首先，因为这种信息虽然不能给信息发布者带来迅速的直接利益，但可以引起社会对这类问题的关注，因而增加缓解问题的可能性，显然这对信息的发布者是有利的；其次，对于信息的接受者来说，虽然他们不能直接地去帮助有困难的人，但可以通过参与解决相关社会问题的实践，间接地帮助相应的困难群体，从某种意义上说这种不对特定对象的普遍帮助，要比具体地帮助某一特定的人更具有社会意义；再有，对于信息发布者来说，他可以放心地讲真话而不用担心讲真话会给他带来危害。

在很多情况下，信息的不真实是由不良的社会环境和不利的信息发布条件造成的。例如1，在强意识形态环境下，人们不敢说真话怕受到政治迫害，甚至故意讲假话，或者违心地附和某些貌似正确的观念。如你在街头被中央电视台采访，让你谈对党的十九大的感想，你又能怎么说呢？例如2，在同事、朋友、亲属面前不好意思说可能会伤害对方的话或做明显会与他们的利益发生冲突的决定。如单位正在对干部提升进行摸底，参加竞选的某人是你的好朋友，但从单位整体利益考虑你又不认为他是合适的人选，摸底时你可能会因为不好驳朋友的面子而违心说话。例如3，根据你自身的利益本来你应该选择A选项，但在公开场合你可能不愿意明着说出来，故意选择了B选项。例如4，本来你很在意某种表达意见的机会，可能因为条件太苛刻、成本太高、路途太远等原因失去这样的机会。这些例子告诉我们，要获得真实和充分的社会信息，我们就必须为信息的发布提供一个安全、便捷、低成本的环境和相应的技术手段。这里我们强调信息发布的便捷和低成本的重要性还有另一层含义，即减少集体不作为现象。所谓集体不作为是指，在涉及公共利益的场合，尽管几乎所有的人都知道自己的积极作为对公共利益有好处，而且自身也会从中受益，但鉴于他的参与要付出时间和精力上的成本，多数人往往会选择不参与，他们将公共利益和自己利益的实现寄托在"可能会有其他更积极的人站出来为大家服务"这样的想法中，如此他们就可以搭顺风车了。政治经济学家管这种现象叫"集体不作为"。集体不作为可以说是一种基于人本能的自发现象，虽然不同个体的表现程度具有明显的差异，但在每一个人身上总会有所表现。要想明显地降低这种现象的影响，根本的途径是提高信息发布或者作为的成本和便捷性。试想当意见表达的成本远远小于意见可以带来的利益时，大多数人还会选择不作为吗？当然我们不能排除个别人就是麻木到宁可多打一盘游戏，也不愿多动一下手指去表达什么意见，但我们相信大多数人是不会这么麻木的。特别是当我们的社会系统将来在很大程度上就依赖民众个人的参与实行组织，体现利益时，人们会逐渐提升参与的意识和自觉性。

基于以上讨论，针对其中提到的问题，作者想到了一个解决办法，叫作"统计参数球信息系统"。

"统计参数球信息系统"是这样组成的：

首先，社会给每一位成年的成员配发一个专用的信息收发器，社会成员可以按照社会系统统一的要求格式将自己的相应信息随时发送给"中央计算机系统"。这里所谓专用是指，配属每人的信息收发器都是唯一的，类似我们的身份证，并设置专门的密码，只能由社会成员本人发送信息。而且信息收发器只能用于向"中央计算机系统"发送信息和从中央计算机系统接收社会整体信息，既不能用来打电话也不能用来上网。或者用一句形象的话说，它只能与"中央计算机系统"进行单线联系，不能与其他人发生横向关系。与"中央计算机系统"的单向联系可以随时进行，不受时间地点的限制。

其次，"统计参数球信息系统"设置了一个中央计算机，它的主要任务是，1、接收社会系统所有成员发来的所有信息；2、对从社会系统成员那里获得的信息根据授权进行系统分析。这里的授权的具体内容是经所有社会系统成员以类似公决的方式产生的，任何个人包括国家最高领导人不得修改；3、将公共信息分析结果以云描述的方式反馈给所有社会系统成员，并对外部公示。举例来说，如果我们的社会系统需要了解民众的幸福感的真实状态，他们可以以公决的方式提出要求，则中央计算机系统会按照公投的授权对所有有信息发布权的社会成员发出调查问卷，然后再根据调查的结果向全体成员反馈以云状态显示的最终分析结果。届时所有社会成员将会同时看到完全一样的结果，没有人能看得更多，也没有人看得更少，信息对所有人是一样的。所谓云状态显示指，任何调查结果都是以海量统计的形式发布的，任何人都不能从中提取出具体某一个人的信息，因此大家不用担心自己的隐私被泄露。假设幸福感是以人的表情形式发布，那么所有人就会同时了解到自己的社会到底是处于高兴状态还是处于痛苦状态、高兴和痛苦的程度、在那些方面高兴和那些方面痛苦等等更加具体的信息。然后，根据这些信息决定自己在今后的公共政策中做出何种选择。4、对信息加以最严格的保护。由于中央计算机系统储存着社会系统所有成员的直接信息，这些信息应当被视为国家的最高机密，当然也就应当受到最高级别的保护。除了在法律上中央计算机系统中的信息要受到宪法的保护外，在技术层面上这些信息也要受到比中央银行的保护等级还要严格的保护。这些信息应当拒绝任何人和机构包括立法、司法、政府部门的探访，甚至根本就不提供外部探访的接口。之所以必须提供如此严密的保护，是因为未来我们社会能否健康、可持续地发展，从根本上说取决于广大人民群众是否能持续有效地参与社会治理实践，取决于社会整体的自组织水平的高低，而所有这些又都高度依赖广大人民群众对该信息系统的信任程度。因此，公共信息的安全是国家的最核心利益所在。

再有，"统计参数球信息系统"还设有一个附属机构，它具体负责：1、根据全体成员的要求制定规范的调查问卷；2、负责收集政府和民间研究机构提出的调查问卷申请，报请全体成员表决授权后制定相应的规范信息调查问卷；3、定期发布相关研究成果等。该附属机构的所有成员均应没有机会直接接触中央计算机系统。中央计算机系统应当由专业人士在极为严格的监督下进行日常维护。顺带说明一点，在统计参数球信息系统内进行所谓的"公投"其实是非常方便的，它与调查问卷的互动可以随时通过信息收发器进行。

根据当今的信息技术发展水平，构建这样一个"统计参数球信息系统"从纯技术角度说应当没有很大的困难。

作者认为"统计参数球信息系统"明显地具有如下好处：1、基本实现了系统内信息发布和接受的平等、透明。由于不管你是国家主席还是边远农村的农民，你在系统内发布信息和接受信息的地位是一样的。主席不会因为其职位享受任何特殊权利，农民也不会因为地处边远无法及时发布和接受信息。而且他们接受的内容是完全一致的。2、可以大幅提高信息的真实性。首先，该系统并不直接产生利益连接，与其他信息系统也不产生联系，信息发布人没有必要不真实地发布信息，因为造假不仅不能给他带来直接的效益，还会损害真实发布自身信息所产生的积极的社会效益。当然，我们也不会认为由这样的信息系统产生的信息是绝对真实的，由于不同人对自身利益的不同理解以及对调查问卷的不同理解，他们发布的信息会出现主观认识上的偏颇，甚至我们不排除部分人为了其政治目的而故意造假的可能。但我们相信随着人们直接参与社会治理水平的提高，该信息系统的信息质量也会得到相应的提高，因为维护信息系统信息质量符合绝大多数人的利益。其次，由于该信息体系是完全封闭的，而且所有个人信息是真正意义上的云端存储，因此信息发布人不用担心讲真话或按自己真实心愿做出选择会给他带来现实的直接危害。再有该系统的信息受宪法级别的最高保护，即便一个人发布的信息与现实中的法律有冲突也不会因此受到法律的制裁，一句话信息发布人不用对自己在"统计参数球信息系统"内发布的信息负任何法律上的责任。对这一点作者将在稍后进行详细解释。3、可以有效地减少我们在之前提到的集体不作为现象。因为在"统计参数球信息系统"内发布信息的成本极低，只需要动动手指头。因此，社会系统成员的作为可能性会大幅提高，而且随着这个系统长期稳定地运行，当人们可以逐渐地体会到作为的积极效应后，必然会激励社会成员更加积极的去作为，产生一种良性循环。4、该系统还可以极大地方便社会系统成员实际参与社会系统的组织实践。关于这个问题我们将在随后两节中具体讨论。

"统计参数球信息系统"有几个与当今信息系统不一样的观念我们必须强调一下：

一、为了有效地提高社会系统的自组织程度，我们应当更强调信息的真实性而不是信息的正确性。我们当今的社会可以说是以意见正确、政治正确主导的社会，这在现代主义语境下是正常现象。在这种语境下会让那些"不正确"、不主流的声音不能说、不敢说或者被灭失了。但实际上这些貌似正确的意见其实包含着不正确，在一定程度上这种正确本身恰恰是问题，是需要被解决的对象。例如，在当今的中国新闻媒体主管部门将是否符合马克思主义作为是否允许发声的标准，使得那些原本对国家、对社会有益的声音要么是不能发，要么是不敢发，久而久之这样的声音要么沉寂了，要么就消失了，因为想了也没用干脆不去想了。当然还有另外一种情况，那就是一部分这种声音在等待爆发的时机，一旦有机会就以一种极其激烈的方式爆发出来，带着强烈的复仇情绪，带着彻底清算的目的，以极端的表现形式喷泄而出，使原本理性的声音变得格外刺耳。

虽然政治正确在表面上的确可以起到一定的维持社会秩序的作用，但从长远的角度看，它只是把慢性病变成了急性病而已。当然在现今，不管是中国体制还是西方体制用意见正确实施社会治理更多的是不得已而为之，因为谁都认为自己的制度或政策是对的，尽管特朗普曾嘲笑政治正确，但他自己也把美国的社会制度视为更好的制度，而这本身难道不是一种意见正确吗？进一万步说，将来我们处在不承认绝对真理的语境中，政治正确也是需要的，当然那时的政治正确不是绝对真理，而是哪种选择更有利于社会进步，更有利于自身利益和他人利益的和谐相处。因此，如果我们要在社会制度上有所创新，首先就要能够为信息的真实表达创造一个比现在更好的环境。

二、为了未来社会自组织程度的提高，我们需要一个更能暴露问题的信息系统，而不是压制或掩盖问题的信息系统。当今社会，对于诸如极端主义思想或言论，我们通常的做法是压制、阻断它们的传播，应当说这在一定程度上是必要的，因为任由其传播会立竿见影地对社会产生现实的危害。但这种压制不可避免地产生了一个负作用，即虽然极端思想被压制了，但并不等于不存在。压制的结果是让这些极端思想发声的渠道更隐蔽了，反而使得你解决相关问题的努力更加困难了。从另一个角度说，对极端意见的表达的压制也难免带有极端的色彩，这种压制行为本身其实就是极端思想产生的重要原因之一。这里鸡生蛋蛋生鸡是互为因果的伴生关系，或者说是现代主义语境下的必然现象。因此，在未来社会治理结构的创新上，我们必须要提供一个能为所有思想进行安全表达的空间，包括我们今天所说的极端主义思想，甚至包括更恶、更邪的思想。而且不仅让这些思想充分表达，还要做到让它们安全地表达，即不会因为这种表达受到任何法律的追究。在一定程度上，我们还鼓励这种表达，把这种表达视为社会自组织的有机组成部分。因为，这种表达可以把我们社会真实存在的问题暴露出来，有利于在治理过程中有针对性地加以缓解，提高治理的效果和效率。当然，我们这里说有针对性地去解决问题并不是直接对邪恶思想发布者动手，因为我们并不知道具体是谁发布的。我们说有针对性是指，我们可以对这类"邪恶"思想产生的社会根源采取有效的缓解措施，对"邪恶"思想内含的合理关切予以关注，对"邪恶"思想的非理性成分加以批判教育等等。

有人担心，让"邪恶"思想充分自由地表达，会不会产生助纣为虐的作用？其实，我们大可不必如此担心，因为在"统计参数球信息系统"里这种邪恶的成分毕竟只占极少的比例，而这种比例本身对极端思想者就是一种教育。比如，在统计信息系统接收端，我们可以看到持有极端思想的人所占的比例为3%，也可以了解到这些极端思想的政治诉求是什么，而在今天我们的信息系统中是无法获得这类真实信息的，因此也无法对问题的严重程度有较为准确的判断，对我们具体解决问题是不利的。显然提供一个对即便是极端分子也能够进行真实表达的信息系统对我们的社会治理是利大于弊的。当然，我们不排除在某些特殊时期，某种带有极端色彩的思想占的比例并不很低的情况，例如当今在欧洲出现的极右势力明显抬头的情况，但这正提醒了我们，问题已经很严重了，要付出更大的努力去工作了。

总的说，一个充分开放的信息系统应当更有利于减少极端思想的产生。除非人类的大脑出现了退化趋势，它越来越难以产生智慧了。

三、在一个强调社会系统成员自组织的社会，社会成员发布自己的信息既是一种权力也是一种义务。因为自身的信息发布本身就是一种对社会有益的自组织行为，这种行为一方面为其他社会成员提供了更加全面的社会信息，另一方面也提供了其他社会成员参与社会治理时进行决策的依据。当今社会我们将剥夺公民的政治权利作为一种刑罚，对此作者是很不认同的，如果说剥夺公民的被选举权还可以理解的话，那么剥夺公民的选举权和信息发布权则很难理解了。作者以为社会系统成员的信息权利包括选举权利是在什么情况下都不能被剥夺的，应当受到宪法的最高层级的保护。

综上所述，在我们尚未就未来社会制度应该如何创新达成某种程度的共识前，我们完全可以在社会信息制度上先行先式，大胆创新。作者提出的"统计参数球信息系统"方案，完全可以先在小范围内进行可行性试点，摸索其中的规律性。作者相信只要大家广开思路，为有效提升社会系统自组织创建一个有利的信息系统环境的办法总是会有的。

第三节 如何治理，如何构思？

在本书中我们一直在强调提高社会治理的自组织程度，要切实有效地提高社会的自组织程度，首要的任务就是让人们普遍具有一定的相关专业知识，即我们的社会该如何治理，我们又应该怎么去参与治理的知识。长期以来这种知识被一群称为政治家的人所把持，这群人自称比普通老百姓更了解社会，更懂得如何治理社会，他们用各种主义告诉人们什么是政治上的正确，什么该做什么不该做，借助这种很专业的知识，政治家们巩固了自己作为他组织者的地位。作者承认政治的确具有专业特征，也承认在一定的社会环境下，政治理念的确也有相对正确和不正确区分，但作者更想强调的是政治能力不管是从理论操作层面上讲还是从实践操作层面上讲，它作为一种基于人的本能产生的能力，普通老百姓或多或少都是具备的，只要经过一定的学习和训练他们中相当一部分人不见得就比政治家做得差。从专业性角度看，政治学要比其他如数学、物理学掌握起来要容易得多。其实社会治理的自组织理念从古至今一直就存在，甚至我们可以推断早期的社会治理就是某种自组织程度很高的模式。因为当你提出这样一个问题，你认为社会由谁来治理最符合你的利益？人们会很自然地回答由我自己来治理，这个回答也最符合人的本性。那么为什么人类在演化了数万年后，在其他领域都有了巨大的进步，却在涉及自身社会治理问题上"退步"了，由自组织程度很高的治理模式"退化"到他组织程度很高的模式了呢？这中间的原因很多，其中最主要的原因之一很可能是因为人类社会越来越复杂，公共领域的范围越来越大，实施治理对信息交流的要求也越来越高，使得自组织治理模式难以满足社会治理的实际需要，因此自组织不得不逐渐退出社会治理，特别是顶层的治理结构中。如此看来，早期的自组织在社会治理中的淡出，不能被简单地理解为"退步"或"退化"，而是以退为进的不得已而为之。例如，古希腊城邦制国家的自组织程度曾经是很高的，但随着社会财富和家庭财富的积累产生的利益冲突越来越激烈，城邦与城邦之间地缘政治越来越复杂，高度自组织的治理模式因为效率低下，缺少权威性难以调和社会矛盾等自身缺陷，已经不能维系城邦秩序的稳定和安全，所以逐渐地被强权政治取代。那个时期的哲学家柏拉图看到了这一点，因此提出了"国家应当由哲学家来治理"的观点。出于承认绝对真理的世界观，柏拉图这样认为是自然的，因为他认为社会治理存在一个必然的最终解决方案，即绝对真理。也就是说社会治理是一门学问，这门学问的任务是探寻社会问题的最终解决方案，因此谁在这门学科中最有学问，最具备专业知识，谁就最应该来主持社会治理。而在柏拉图眼里哲学家显然是离真理最近的人群，是最有资格判断是非曲直的人群，是最有逻辑的人群，因而也是主持社会治理最恰当的人选。我们当然不能简单地说柏拉图的观点就是错的，因为社会治理的确是门学问，参与治理社会也的确需要专门的知识和技能，不是随便一个人仅凭一腔热血，凭全心全意为人民服务的积极性就能干得好的。但柏拉图的观点显然存在一个非常重大的问题，即如果世界不存在所谓的绝对真理，那么哲学家的专业特长就有可能给社会治理带来极大的灾难。因为他们会把不是真理的东西当作真理去不懈地追求，这对社会而言无异于是灾难，而且他们越"专业"给社会造成的灾难就更严重。我们在前面讨论的马克思主义就是这样典型的例子。

马克思显然符合柏拉图理想中的"国王"人选。首先他是一位公认的哲学家，其次他的重点研究领域正好是社会治理。对此当今社会恐怕没有几个人敢说比马克思还专业。但马克思主义不仅不是社会治理的好方案，一旦严格实施还会给社会带来巨大灾难。对作者这个观点，左愤几乎必然会提出强烈反对：你完全不顾事实，难道中国共产党领导中国革命取得完全的胜利，当今我们的改革开放取得世界瞩目的成功，不是马克思主义实践的结果吗？这个问题我们在前面已经解释过，既然左愤没有听进去，我们就不妨再解释一次。

作者并不否认马克思主义在中国共产党领导的中国革命中起到了关键作用，但只要你认真研读马克思主义的教义，你会发现中国革命并不是马克思主义教科书式的典范，甚至你会发现中国革命的每一次重大成功都在一些关键环节上违背了马克思主义的必然逻辑。反过来说如果中国革命是严格按照马克思主义的教义进行的，它是难以取得成功的。

左愤会说那不正说明了中国共产党灵活运用了马克思主义，将马克思主义与中国革命的具体实践有机地进行了结合吗？在这里作者要说的是，左愤的上述观点是自相矛盾的：如果马克思主义是绝对真理的代表，那么它就不可能被灵活对待，更不会发生中国革命的具体实践与其他国家革命的具体实践显著不同的情况；反过来如果马克思主义允许各个国家可以根据自己的情况进行不同的实践，那么它就不是放之四海而皆准的真理。也正是因为马克思主义不绝对，它才能在一定的场合下起到一定的作用，如在中国革命中所起的作用。中国革命发生的背景是，社会极度的不平等。因而作为一种极端地强调平等作用的理论体系，它自然地可以作为一剂猛药对症于中国社会，即便如此它也必须配以其他辅助和缓性的药材，才能发挥好的作用，否则给中国社会直接服用纯的马克思主义只会毒死人不会治疗人。凡猛药都有较大的毒副作用，马克思主义的毒副作用在文化大革命中充分地表现出来，以致中国共产党不得不通过改革开放间接地抛弃马克思主义原教旨路线来缓解和医治它残存在中国社会机体中的毒性。因此，左愤所指改革开放的巨大成功其实是背离马克思主义的成功，就连中国共产党也已经不是马克思主义原教旨中真正意义上的无产阶级政党了。

我们从柏拉图的让哲学家当国王的社会治理思路得到的经验和教训是：1、一个社会是不能用一种思想朝一个方向，以不断地提纯人们的思想，同时用这种不断被提纯的思想驱动人们不断地努力趋近那个最终的目标的方式来实现治理的，而且沿这种思路走得越远，给社会造成灾难的可能性就越大。这里最典型的例子就是中国的无产阶级文化大革命的实践。2、我们要让社会的自组织程度得到有效提高，就必须让普通百姓养成独立思考的习惯，培育他们独立思考的能力，特别是在政治事务上。显然，在不承认绝对真理世界观的语境下，才更有利于培养人们的独立思考的习惯和能力。只有当人们是以思想独立的个体参与社会治理的实践时，自组织的效力才能得到发挥。因为当一个人的思想都被他人控制时，他又怎么能实施真正意义上的自组织呢。

有人认为自组织程度的提高，意味着社会破碎化程度的提高，这样社会很难产生稳定的整体秩序。这种观点不是没有道理，但观点里过多地掺杂了一种对高度一致的希望，他们认为只有在人们取得了高度一致的情况下，社会秩序才可能是稳定的。例如，在公共场合大家自觉地排队才能产生秩序。的确作者也认为有了某种一致才能产生秩序，但与前者不同的是，作者追求的是在某种共同的智慧基础上产生的一致，而不是某种绝对意志基础上产生的一致。以排队为例，作者追求的是大家都认为排队是一种既利己也利他的智慧，而前者追求的是这样才是对的。在智慧的基础上，当人们自觉地排队时，会宽容因紧急事务而需要优先的情况；而在这样才对的基础上，就会出现先来的博士非要占据他喜欢的靠窗位置的类似认死理的情况。从某种意义上说，相互独立又相互包容，进而相互协作，共同谋求公共秩序也是一种一致，而这种一致更具有弹性，更容易产生妥协，也更加稳定。这才是我们强调在不承认绝对真理世界观语境下，提升自组织程度的主要目的。

与柏拉图不同，中国古代崇尚的是圣人政治。圣人政治的思路是，通过圣人文化，按照圣人标准影响和选择社会的统治者，特别是最高统治者皇帝。如作者在《说东道西》一书中指出的，中华文明的主流世界观是不承认绝对真理的，同时中华文明的政治理论体系是建立在人的社会依赖本能基础上的，因此选择圣人政治似乎对中华文明来说是顺理成章的。这里我们所说的圣人，不是掌握政治正确的人而更多的是具有德行的人。把国家当作一个大家庭，由一个德高望重的人或将最高统治者教育、影响、塑造为一个重德行讲仁义的人来治理国家不失为一个很好的思路。但这种思路必然导致专制的社会治理结构。它的最大问题是，一旦没赌好，最高统治者不重德行、不讲仁义，那么国家就很容易迅速败坏，社会秩序就难以保持稳定，甚至发生大的动乱，即出现所谓的"合久必分、分久必合"循环怪圈。这是因为，老百姓长期处在高度专制的治理环境，在公共领域的自理能力极其低下，因此当最高统治者一旦掌控不了局面，整个社会治理结构就会迅速坍塌，最后社会秩序只能以大乱的形式通过力量的重新整合来产生新的重德行讲仁义的统治者，实现新的大治。中华文明的这种特质决定了，民众更习惯于在相互依赖和公共道德的基础上产生社会良序，他们不太擅长在利己的基础上建立相对稳定的社会秩序。这也是作者不主张以激烈的方式学习西方宪政民主的重要原因，因为这样做既会失去我们原来的社会依赖文化的优势，又难以学到西方利己文化的精髓，很容易出现两头不靠的局面。上述讨论提示我们，如何在未来社会治理过程中较好地做到中华文明的社会依赖文化与西方文明的利己文化相互取长补短是我们需要考虑的重点课题。在这点上长期受中华文化影响的中国人普遍存在一个误区，即认为应当抱着为人民服务的目的去参与社会的治理，这当然不能说是错的，但我们也应当鼓励人们抱着维护自身利益的目的去积极地参与社会治理，因为当你合理地维护了自身利益时，其实也在维护其他人同样的利益，实际上也是在为人民服务。在这个问题上我们应当向西方文化学习。

当今西方国家普遍采用的宪政民主体制可以说是柏拉图主义与古希腊城邦体制的一种折中。应当肯定的是，宪政民主是西方利己文化的一种很好的社会实践成果。之所以这么说，是因为这种社会制度一方面弱化了绝对真理世界观的极端影响，减少了专制的可能性；另一方面又能在基本保持社会稳定的情况下提高公民参与社会治理的积极性。但宪政民主的弊端也同样是明显的，产生这些弊端的根源仍然是承认绝对真理世界观。宪政民主的弊端主要表现在如下三个方面：1、结构主义意识。关于这点我们在前面的讨论中曾予以剖析，它的主要特征是妄图用不变的结构应对不断变化的问题，或者对宪法的作用寄托了太大的希望；2、过于迷信政党政治的作用。承认绝对真理的语境时刻在暗示那些政治精英，在所有选择中永远都存在最正确的选择，而他们就是这种最正确选择的代言人，因此他们会不遗余力地反对反对他们的人。在此同时，所有其他的政治精英也会同样地去思考问题，认为自己才真正是正确的一方。显然，这样的环境更容易引发政治斗争，而不利于孕育政治智慧；更容易产生社会内耗，而不利于产生社会凝聚力。从中国台湾地区和香港地区的政党实践来看，在中华政治文化的背景下，政党政治的副作用更是远远大于其存在的价值；3、狭隘的民主观，妨碍了社会自组织程度的进一步提高。显然，西方的政客更愿意将现存的普选制解释为民主。这样就可以保住这些政客的工作岗位，让他们操纵选举的"专业"技能始终有施展的空间。在普选制下，西方的政客将太多的精力花在了如何赢得选举上，而不是放在如何解决实际问题上。明明是现在就可以做的事情，非要等到临近选举前作为谋取政治资本的筹码来做；明明一件事情对人民和国家有好处，但为了不给对方脸上贴金，就是要反对；明明是为了党争的私利，却要用政府停摆作为要挟。西方政客的任期，多了不说起码有三分之一的时间是花费在选举上，这无疑给社会资源造成了极大的浪费。

鉴于政党政治的不佳表现，作者以为我们在未来社会体制的创新实践中应当尽量避免引入以所谓政治正确为表象的政党政治。特别地，将来在不承认绝对真理世界观语境下，政党政治也基本没有固定存在的必要。抱团、党争、或政党政治无疑可以增强自身维权的力度，但这种维权方式一旦固化下来，就自然会产生特定利益团体的自私行为，时间越久这种自私行为的能量和强度也会随着增大，最后成为尾大不掉的社会顽疾。而这种情景在强调社会依赖本能的中华文化背景下更容易产生。与其如此，还不如当初我们就把这个"阑尾"割掉。

以上我们简要回顾了历史上人类社会治理模式和它们存在的问题，目的是为我们将来的社会体制改革和创新提出具体的要求，特别是为大幅提升社会系统的自组织程度创造必要的条件。概括起来，我们要求未来的社会治理体系应当具备如下功能：

一、能与现行体制实行平稳过渡。需要强调的是，我们将要进行的改革既不是西方政客所希望的那种和平演变，更不是颜色革命。因为不管是和平演变，还是颜色革命，都是承认绝对真理世界观语境下的由一种主义变成另一种主义的改变，而这绝不应当是我们追求的目标。所谓和平演变其实并不和平，因为这种演变的理论依据就是由一种错的制度向一种对的制度进行的转变，在这个转变中，人们势必会将原来体制中尚具有合理性、尚具有可行性，甚至很有效的东西与体制中明显不合理的东西统统当做错误一起抛弃。与此同时，人们又势必会将自己尚不熟悉、尚不具备可行性，甚至根本不适合自身社会环境的东西与新制度合理的东西统统当做灵丹妙药一起拿来，其结果可想而知。前苏联的解体就是一个典型的例子。作者在多种场合反复说过，将潜在对手的颜色变来变去，与其说是西方政客包含善意的一种追求政治正确的行为，不如说是他们包含祸心的一种政治阴谋，因为这种变色的结果，不管成与不成都对他们有利，特别是如果不成功，把对手彻底搞乱才更符合他们隐藏在政治正确背后的目的。因为从利己文化出发，把潜在的对手，特别是潜在有实力的对手搞弱，最好是搞残才最符合它的利益，才最符合这种文化的思维逻辑。作者不是反对人们说自己认为正确的话，而是说西方政客以随意改变别人颜色的方式来践行"正确"的做法其本身就不正确。澳大利亚的政客不是也很反感中国共产党在十九大后派宣讲小组去跟澳大利亚的反对党交流执政经验的做法吗。己所不欲勿施于人应当是国际关系的基本原则。

我们将进行的社会治理体制的改革究其本质上说，是一个由不够包容向更包容，由不够民主向更加民主，由极端向不极端进行的改革，因此这个改革本身就是一个重心由高变低的过程，由不稳向稳过渡的过程。这里所说"重心由高变低"是指，我们的改革是由绝对意识形态向非绝对意识形态变革的过程，显然处于绝对意识形态治理下的社会秩序重心要明显高于非绝对意识形态治理下的社会秩序重心，因为绝对意识形态强调的是某一主义的越来越纯，追求的是把骰子堆得越来越高、越来越坚固，当然这样的社会重心就越来越高，秩序也越来越不稳。

但是，我们的改革毕竟起步于一个绝对真理世界观语境下，虽然我们不绝对但我们的改革对象绝对，我们想和谐但我们的改革对象可能不想和谐。所以这需要我们在改革的各个阶段充分地运用我们的智慧化解和缓和矛盾，不断创新出既有利于改革的推进又有利于改革对象自身利益的改革策略。另外，鉴于我们的改革是一个伴随世界观转变的重大变革，它势必需要一个相对长的摸索期和适应期，因此需要一个相对稳定的社会环境和一个具有较强执行力的推进者。这更要求我们在前后制度平稳衔接上下大功夫。

二、为了有效地应对结构主义问题，未来的治理结构应当保持足够的弹性。

三、为了有效地提高自组织程度，未来的治理结构应当便于任何一个社会成员在任何时候参与他想参与的社会治理实践。

四、为了有利于培育不承认绝对真理世界观语境，未来的社会治理体制应当尽量避免政党政治。

限于篇幅，以上第二、第三和第四点将放在下节具体讨论。

第四节 用智慧以变应变

智力和智慧这两个词，很多人感觉它们虽然看起来意思很相近，又存在明显的用法上的不同，但你却很难描述这种不同的根本之处在到底哪里。这很像我们日常生活中常用到的智商和情商的区别。翻开《现代汉语词典》1759页给出的解释是，智力："指认识、理解客观事物并运用知识、经验等解决问题的能力。包括记忆、观察、想象、思考、判断等"；智慧："辨析判断、发明创造的能力"。显然我们对该词典的解释并不满意，例如牛顿发现万有引力定律、爱因斯坦提出相对论，当然是发明创造，但为什么我们会用高智商来形容他们而不是用高情商来形容他们？难道提出万有引力定律和相对论不是基于牛顿和爱因斯坦的辨析判断、发明创造的能力吗？又比如，邓小平开创的改革开放事业，当然也是一种发明创造，但为什么我们用具有高度的政治智慧来形容他而不是用高度的政治智力来形容他？难道邓小平开创改革开放的局面不是基于对中国社会的记忆、观察、想象、思考、判断提出的吗？

其实在承认绝对真理语境下，大量类似问题是无法合理解释的，因为在这种语境下人们是用确定思维进行交流而不是用谱思维进行交流。或者说，人们的理性思维的逻辑是建立在必然性基础上的，而不是或然性基础上的。上述对智力和智慧的区别在不承认绝对真理世界观语境下则可以得到很好的解释。由于事物都是确定性与不确定的共同载体，智力表达是人们认知事物确定性一面的能力，即在一定条件下排除不确定干扰，从中探寻出事物某种确定性的能力，当然这种确定性并不是绝对的确定，而是在一定条件范围内可以在一定程度上重现的确定，就像牛顿的万有引力定律。而智慧更多地表达的是人们在貌似确定的情况下排除确定性的干扰，从中探寻出事物背后不确定性的能力，当然这里所说的不确定性也可以说是为发现新的确定性拓展了空间，因此可以从中产生新的发明创造。两个概念既有区别，又没有绝对的区别，意思相互内涵，又互相有所侧重。在不承认绝对真理世界观语境下，人们的思维理性是建立在或然逻辑基础上的。这也是我们认为左愤和右愤可以进行理性对话，一起坐下来共同探讨彼此都可以接受的人类未来社会制度安排的依据。人类社会的未来具有高度的不确定性，因此更需要我们运用自己的智慧，以前所未有的视野和勇气，通过大胆创新去规划它。我们设计和规划未来社会治理体制的原则其实很简单就是，既利己也利他或者说既利己也利社会。我们的目标是创造一个有利于实现所有善意之间的合理的动态平衡的环境和条件。我们的方法是大幅提高社会治理的自组织程度。必须指出的是，我们将要进行的改革是史无前例的改革，只有靠创新才能完成。虽然我们有大量中西文明的有益经验可以利用，但我们必须要把这些来自不同文明、不同国家、不同历史阶段的不同经验组合在一个新的治理体系内，形成一个有机的整体，不大胆地突破旧的思想束缚是很难取得成功的。但是我们应当有充分的自信能完成这个任务，因为在不承认绝对真理语境下，我们对世界的观察更全面、更深入、更符合事物的本质。

在这里作者就以自己十多年前在《社会系统的组织与未来社会形态——转型探索与中国的改革开放》一书中提出的一个创新方案作为例子来启发读者的思路，借这个例子告诉广大读者，只要我们开拓思想，用谱方法认识、观察、辨识判断我们的社会，我们就一定可以用智慧开创一个社会治理的崭新局面。

作者将自己的方案取名为"统计参数球信息体系下的专业委员会体制"。它的大致思路是：在本章第二节介绍的"统计参数球信息系统"环境下，根据社会治理的分工需要设立各种专业委员会，如政治专业委员会、经济专业委员会、法律专业委员会、教育专业委员会、军事专业委员会等等，这些专业委员会又可以下分一些从属的子专业的委员会，如法律专业委员会按行政级别分全国专业委员会和地方各层级的专业委员会，还根据专业分工分为审判、检察、公安、律师等子专业委员会等等。社会系统成员可以根据自己的专业特长、利益关切、兴趣爱好参加任何一个或多个专业委员会的社会组织活动。例如，一名法官从自己的职业和未来发展的角度考虑通常会参加法律专业委员会和下属的审判专业子委员会，当然他也可能根据自己的专业特长参加政治专业委员会和法律专业委员会下的检察、律师专业委员会的活动，甚至参加虽然与自己专业无关，但爱好的其他专业委员会的活动。虽然我们强调社会系统成员应当积极参加专业委员会的活动，但具体每一位社会系统成员是否参加某个专业委员会，参加多少个专业委员会的活动，完全由该成员自由决定。各专业委员会也不设门槛，自由进出。当然，所有专业委员会内的常设机构应当设置一定的门槛，因为这些常设机构担负着大量的日常工作，需要随时根据情况作出决定，如果人员的流动性太大或者专业素质太低都将不利于工作的进行。而这里我们所说的门槛不是像考试成绩或政治信仰这类的硬性的门槛，而是根据社会成员参加专业委员会活动的积极程度和专业程度动态设置的，即对具体某一位成员来说他参加委员会活动越频繁，活动中表现的素质越高，他进阶常设机构的概率就越大。

所有专业委员会中，政治专业委员会有些特殊，即凡持有"统计参数球信息系统"的统计参数收发器的社会系统成员都自动地是政治专业委员会活动者，因为这涉及一个选举权和投票权的问题，即他即便不参加任何专业委员会的日常活动，他也拥有国家和地方领导人、公共事务的选举权和投票权。由于，在"统计参数球信息系统"环境下人们参与专业委员会活动的成本极低，而这种活动又与自身利益密切相关，所以社会系统成员的参与概率应当比当今任何一种社会体制要大。例如，一个普通老百姓会因为子女的教育需要参加教育专业委员会，因为养老、医疗、体育、音乐、旅游、日常消费等需要参加相应的专业委员会的活动。

专业委员会的职能主要是：推举和选出对应政府部门的领导人及其他人事安排、制定相关专业的各级部门的政策和发展方向、审议相关政府职能部门的财务和预算、监督政府职能部门的工作等等。总之，专业委员会将完成原来由政府职能部门做的大部分非具体执行的工作，原来的相应政府职能部门更像是对专业委员会负责的执行者，政府职能部门的相应编制也将大幅缩减。专业委员会与政府职能部门的关系很像现代企业的全体股东大会、董事会与CEO的关系。当然，这个"股东大会"和"董事会"是一个动态的结构。以政治专业委员会为例，政治专业委员会负责推举和选出国家领导人，而国家领导人的主要职责是执行政治专业委员会交予的任务和代表国家的日常礼仪活动。也就是说国家领导人没有按照自己的意志制定国家政策的权力，也没有任命其他部门领导人的权力，其实际权力将大幅缩减。国家领导人个人工作能力主要表现在完成政治专业委员会制定的政策的执行力和协调各专业委员会的关系上。

在专业委员会体制下，现今社会普遍存在的议会将变成政治专业委员会下的一个子委员会，而且它的立法功能将交由法律专业委员会行使、政府预算的审议职能将交予经济委员会行使。也就是说社会系统所有成员都有机会影响甚至拥有原来只能由国家领导人或者议员才能行使的权利。当然这种权力的大小取决于他或她参与政治专业委员会活动的程度和表现。

在专业委员会体制下，国家的宪法分为大宪法和小宪法。大宪法主要规定专业委员会的设置和"统计参数球信息系统"的地位。大宪法将保持相对的稳定。政治专业委员会的运作机制可以视为小宪法，因为这个运作机制将代替通常由我们现在的宪法所承担的大部分功能，例如决定国家领导人如何产生等。除政治专业委员会，其他专业委员会也将担负我们现在宪法的部分功能，如由法律专业委员会推举和任免大法官。原则上各专业委员会的选举结果可以视为普选结果，具有类似现在的"公投"效力。因为各专业委员会都不涉门槛，所有成年的社会系统成员都有参加专业委员会内重大选举的权利。小宪法可随政治专业委员会的运作需要随时进行调整。

作者希望这种设计会给社会治理结构带来如下改变：

一、尽量减少结构主义问题。当今人们已经普遍意识到，当一个社会的权力结构长期固化，它就势必会产生腐败和僵化的问题。但人们普遍忽视了另一问题，即当一个社会的权力结构长期固化，还会阻碍社会新生动力的产生和壮大。而专业委员会体制可以有效地减少以上两方面的问题，首先国家的领导者由原来既是政策决定者又是政策执行者，转变为更像为人民服务的执行者身份。领导人干些什么不能由他说了算，由他来定义谁是人民、谁是敌人，由他来决定什么是对人民有利的，什么是对人民不利的。这种转变实际上将领导人的统治者角色在相当程度上变为了服务者角色，或者用我们的话说社会治理的他组织色彩减少了，人民自组织色彩提高了，即民主程度提高了。其次，社会体制的改革话语权更多地掌握在人民手里，某种制度是否过时，是否需要进行改变，决定权不再掌握在固定的领导阶层手里，而更直接地掌握在人民手里。只要大多数人觉得某种政策不符自身利益了，他们想什么时候改变就可以决定什么时候改变，想怎么改就怎么改，领导人只是扮演执行者的角色，而且执行不好我就换掉他。这个变化实际上意味着人类社会的治理由以他组织为主转变为以自组织为主，是更高级的民主体制。通常人们将宪政民主理解为民主体制，其实在作者看来所谓的宪政民主仍然是他组织为主的治理体制，或者说是一种弱专制的体制，只不过在宪政民主体制下他组织者总统的任期是有限制的，他组织本人也要经普选产生。但在总统任期内，总统仍然有很大的按照自己意志行事的权力。而在专业委员会体制下，所谓的总统只是高级的服务员，他并没有按照自己的意志决定国家政策的权力，他只是委员会授权政策的执行者。总统这个职位之所以保留，是为了保证执行效率的需要。因此，我们说专业委员会体制是专制向民主的质的转变。

二、专业委员会体制显然为社会系统成员直接参与社会治理提供了极大的便利。由于绝大多数专业委员会都没有进入门槛，这就保证了所有社会系统成员可以直接参与他愿意参与的某个或某些社会治理实践。他参与的程度越高，他为社会服务得越多，他在专业委员会活动层级也就越高，他参与制定政策的权重也就越高。但不管他是否参与专业委员会的实际活动，他始终都拥有对专业委员会重大决策是否生效的投票权。而且，在"统计参数球信息系统"环境里社会系统成员参与社会治理活动的成本非常低，主要是通过人手一只的"统计参数收发器"来进行的。从理论上说，国家领导人与普通市民的参与成本是一样的。对于极少数必须设置门槛的专业委员会，如涉及国家核心机密的专业委员会，普通民众也具有对相应大的政策上的投票权和对这些专业委员会或者其成员的某些不当行为行使监督的权力。

三、专业委员会体制有条件和中国现行体制实现平稳过渡。作者这样认为的依据有以下三点：

1、专业委员会体制创新可以说是人类历史上最重大的社会制度创新，如果我们根据自组织程度将人类社会治理体制分为四个阶段，即主动型他组织、被动型他组织、被动型自组织、主动型自组织的话，那么专业委员会体制创新意味着人类社会治理由被动型他组织阶段进入到被动型自组织阶段，其意义相当于人类社会治理由主动型他组织向被动型他组织的过渡，即专制向宪政民主的过渡，但这个过渡的难度要明显大于后者。另外，更重要的是这种创新是建立在世界观的转变基础上的，因此面临的困难更多，转变需要的时间也更长。这就要求我们为这个转变提供一个长期稳定的社会环境，而中国现体制恰恰能够满足这个必要条件。

2、在专业委员会体制下，人数在一亿八千万左右的中国共产党党员和共青团员群体可以作为政治专业委员会的基础成员继续发挥作用。从而平稳地实现领导群体的衔接。

3、虽然表面上专业委员会体制意味着将来共产党专制的局面被改变，但作为广大的共产党员和共青团员实际上有更大的机会直接参与社会治理，他们参政的程度不仅没有减少反而大幅提高了，这反过来也会激发他们主动成为在当今体制下推动改革的动力。至于党的高层领导，在可见未来相当长的一段时间内他们的地位也不会受到根本的冲击，而且改革的方向明确后，还更有利于他们发挥自己的领导作用，展现自己的领导能力，甚至彪炳史册。既利己也利党更利社会又何乐不为呢？

4、专业委员会体制既可以充分利用中华文明的不承认绝对真理的主流意识传统，发挥社会依赖文化的原有优点，同时也有利于充分吸收西方文明利己文化的长处。当我们朝着专业委员会体制进行改革时，也相当于向其他国家宣示我们的改革对你们来说不是威胁，我们不仅向你们学习，而且还进一步阐释了自由、民主的价值。同时我们还向你们展示了自己的价值观，即我们的目标是在既利己也利他的基础上追求人类社会的和谐与共同发展。

四、能够有效地激发和调动社会的整体智慧水平。在专业委员会体制下，个人要想通过参与委员会的活动获取私利的可能性大为降低，因为他时刻面对的都是无数其他人的利益，因此他要想通过委员会的活动维护或扩大自己的利益，更有效的方法是运用智慧通过既利己也利他的方式去争取。

五、对社会问题的反应速度更快。在"统计参数球信息系统"环境下，社会问题的受害者可以在第一时间将自己的不满告知全社会，并且自己也可以在第一时间通过参加专业委员会活动对加害现象和行为作出实际的反击。因此，作者相信专业委员会体制应该能对社会问题作出比其他社会治理模式更快的反应。

六、国际环境更好。首先，在不承认绝对真理的语境下，极端思想产生的几率和极端思想的影响力会大为降低。其次，当人们普遍以既利己也利他的思维方式进行交往、处理彼此产生的问题，并且随着社会重大决策自组织程度的提高，人们用非理智的手段解决国家间矛盾的意愿可能会大幅降低，从而使国家间爆发战争的可能性大为降低。甚至作者不排除这样的可能性，当专业委员会体制成为大多数国家普遍实施的社会治理体制后，专业委员会体制会允许在本国驻留的他国公民享有与本国公民同等的政治待遇。这样将势必导致国籍的重要性被弱化，而全球公民的意识将增强。这种趋势可能会有利于裁军和控制军备，特别是有利于裁减大规模杀伤性武器。

七、可以在相当程度上避免政党政治的弊端。在不承认绝对真理语境下和崇尚通过智慧去实现既利己也利他的社会氛围里，政党政治显然不再是一个实现社会治理的必然选项。而且随着选举方式和自组织程度的提高，政党长期固化存在的必要性也大幅降低。虽然在现体制向专业委员会体制过渡的一定时间段内，政党还会有一个逐步退出的过程，但当人们逐渐地习惯专业委员会的运作方式后，政党自然会逐渐退化为组织界限模糊、动态流动性大的呈现在统计参数体系上的"云"群体。如此，当今社会政党政治争权夺利的种种弊端自可以大为降低。

最后，作者要强调的是，专业委员会体制仅仅是作者为了抛砖引玉而构思的一个例子，其中很多设想难免带有作者一厢情愿的成分，另外这个设想本身也必然存在很多考虑不周的问题，甚至存在现有条件下不可行的地方。但作者相信，只要我们大家打开思路，就一定能创造出许许多多远比作者方案更好的社会治理新方案。总之，在不承认绝对真理的语境下，人们的思路只会更加宽广，人们的智慧只会更加丰富。我们不会给我们的后代"画大饼"，也不会告诉他们，你们的未来将如何如何美好，我们只会告诉他们：你们必须通过自己的努力，依靠前人和自己的智慧为自己、同时也为社会去争取更美好的未来。

www.ingramcontent.com/pod-product-compliance
Lightning Source LLC
Chambersburg PA
CBHW031126020426
42333CB00012B/246